高中英语教学创新研究

侯 苓 著

图书在版编目（CIP）数据

高中英语教学创新研究 / 侯苓著 . -- 北京：中国书籍出版社，2022.10

ISBN 978-7-5068-9220-9

Ⅰ . ①高… Ⅱ . ①侯… Ⅲ . ①英语课—教学研究—高中 Ⅳ . ① G633.412

中国版本图书馆 CIP 数据核字（2022）第 183653 号

高中英语教学创新研究

侯　苓　著

责任编辑　毕　磊
装帧设计　守正文化
责任印制　孙马飞　马　芝
出版发行　中国书籍出版社
地　　址　北京市丰台区三路居路 97 号（邮编：100073）
电　　话　（010）52257143（总编室）（010）52257140（发行部）
电子邮箱　eo@chinabp. com. cn
经　　销　全国新华书店
印　　刷　天津和萱印刷有限公司
开　　本　710 毫米 ×1000 毫米　1/ 16
字　　数　200 千字
印　　张　12.75
版　　次　2023 年 3 月第 1 版
印　　次　2023 年 3 月第 1 次印刷
书　　号　ISBN 978-7-5068-9220-9
定　　价　72.00 元

前　言

国际和国内的形势变化和发展对高中英语教学产生了巨大的冲击，随着新课标、新高考和新教材的层层推进，高中英语教学的创新也迫在眉睫。如今，作为我国学生教育课程中必不可少的英语，其教学的创新研究和实践也有很多，而且已经取得了一些成果。但是客观来讲，仍然不是特别深入，高中英语教学的创新还须不断探索，积极实践。本书就高中英语教学的创新进行了阐述。

本书立足于高中英语教学实际，以教学法和教学理念为根基，对高中英语教学中的教学法、教学理论、教学评价等方面的创新进行了深入研究，旨在探索高中英语教学的新发展，也为高中英语的学习带来一定的理论和方向上的指导。本书通过分析高中英语教学的各个方面以及发展的历史，不仅分析了教学领域面临的新变化、新要求，还结合英语教学创新实践，具体深入地探究了英语教学各个方面的创新方向。

本书共分五章内容，第一章主要论述高中英语教学，主要包括四部分内容，依次是高中英语教学的本质、高中英语教学的内容、高中英语教学的影响因素、高中英语教学的现状。第二章主要介绍高中英语教学的理论创新，主要包括四个方面的内容，分别是高中英语教学的基本理念和原则、高中英语教学面对的新形势、高中英语教学理论的新发展、高中英语教学的多学科融合。第三章探讨高中英语教学模式的创新，分别介绍了四个方面的内容，依次是大数据下高中英语教学模式创新、新课改背景下高中英语教学模式创新、信息技术下高中英语教学模式创新、跨文化背景下高中英语教学模式创新。第四章探讨高中英语教学方法的创新，依次介绍了高中英语听力教学方法创新、高中英语词汇教学方法创新、高中英语阅读教学方法创新、高中英语写作教学方法创新。第五章探讨高中英语教学评价的创新，主要介绍了三个方面的内容，依次是高中英语教学评价概述、高中英语教学评价现状研究、高中英语教学评价改革与创新。

在撰写本书的过程中，作者得到了许多专家学者的帮助和指导，参考了大量学术文献，在此表示真诚的感谢！

本书内容系统全面，论述条理清晰、深入浅出。限于作者水平不足，加之时间仓促，本书难免存在一些疏漏，在此，恳请同行专家和读者朋友批评指正！

作者

2022 年 7 月

目 录

第一章　高中英语教学概述

本章主要概括论述高中英语教学，主要包括四部分内容，依次是高中英语教学的本质、高中英语教学的内容、高中英语教学的影响因素、高中英语教学的现状。

第一节　高中英语教学的本质

英语学科的教学媒介是英语语言，教学内容是英语语言文化，其注重知识性和人文性的统一、工具性和实践性的统一。从学生全面发展的角度来看，英语学科的教育价值主要在于语言能力发展、态度情感发展和个体成长三个方面。作为当今我国高中的基础学科之一，英语学科在基础教育中占有很重要的地位。

一、高中英语教学的学科关联性

英语，作为外国语的一种，是高中学科名称。西方国家学校设置现代外国语教学始于19世纪，旨在加强各国人民间的理解与交流。

《教育学名词浅释》中对外国语的解释为，外国语是学习和了解外国文化、科学、技术成果的钥匙，是国际交往不可缺少的工具。学好外国语，对于发展我国文化科学技术、建设社会主义现代化强国以及增进世界各国人民的友谊，都具有重要意义。高中英语教学的目的，是着重培养学生的阅读能力和自学第一种外国语的能力，并培养一定的听、说、写、译的能力，为毕业后在工作实践中进一步学习和运用外国语，或进入高等学校学习打好基础。

我国对于外国语学科的学习规定始于1902年《钦定中学堂章程》，其中正式规定中学堂开设外国文。1904年《奏定中学堂章程》改称外国语，以日语、英语为主，兼习俄语、德语。1929年以后，小学不设外国语，初中设外国语（1940年后的几年曾为选修），高中必修外国语，均以英语为主。[①]此后的几十年，除去"文革"期间高中外语教学几乎停顿外，我国高中普遍开展外国语学习。而由于英语是世界上使用最广泛的语言，因此，我国大多数地区的高中都将英语作为外国语的学习科目。

英语作为一门语言教育学科，除了要研究所教授的语言，即教什么的问题，也要研究学语言和教语言的方法，即如何学和如何教的问题，还要研究教学活动的主体，即学生与教师的心理问题。因此，它既是一门综合学科，也是交叉学科，有很多支撑理论，特别是语言学、心理学、教育学、社会学、人类学等都对其发展有极大影响，这些也自然成为该学科研究所涉及的内容。

（一）英语教学与语言学

语言学是研究语言的科学。英语教学的内容是英语，英语教学论是研究如何教授英语语言的过程。因此，语言学和英语教学论就自然有着十分密切的关联。各种语言学的知识从不同的方面和角度提高人们对语言和语言教学的认识，以促进英语学科教学理论和实践的发展。

（二）英语教学与心理学

心理学也是英语教学的重要理论源泉之一。心理学是研究人的心理活动规律的科学。教学活动中，教师的传授是为学生的学习服务的，教师必须了解学生的生理和心理特点，教学必须符合学生的心理活动规律。教育心理学是普通心理学的一个重要分支，它主要研究学习者、学习过程和学习情境，尤其是研究学生个体心理活动的规律对课堂教学的影响，探讨学生的思想品德、知识、技能、智慧和整体个性形成、发展的规律及特点等。

① 顾明远.教育大辞典（第一卷）[Z]，上海：上海教育出版社，1990：356.

（三）英语教学与教育学

教育学中的教学论研究一般的教学原则与方法，如思想性、科学性、系统性、巩固性等教学原则，启发式、归纳式、演绎式以及讲解练习、复习等具体教学方法等。这些教学原则与方法对英语教学都具有指导意义。英语教学是教育教学论在英语教学中的实际运用和发展。

（四）英语教学与社会学

社会学是研究人类社会团体的性质的科学，它通过研究社会关系和社会行为来研究社会的结构、功能和发展规律。社会学的许多方面对英语教学具有指导作用。比如从社会的人际关系角度，在教学活动中就关系到如何形成新型的师生关系，如何达到教学过程中的师生和谐、学生之间的和谐，这对于形成教学活动中的互动、协作关系至关重要。

（五）英语教学与人类学

人类学是研究有关不同社会中人类种族群体的生活以及其他有关方面的科学，它与外语教学直接有关的就是文化问题。语言是文化的载体，同时也是文化的一个组成部分。学习英语的学生如果对英语国家的文化缺乏基本的了解，就难以理解和掌握英语中许多具有特定文化内涵的用语、习语、俗语等。文化偏差还会导致学生与英美人士交际过程的中断、误解甚至隔阂。由此可见，提高文化意识是英语教学的重要目标之一，无论是制定课程标准、编写教材还是日常教学，都必须采取有效手段体现英语的文化因素，使学生在学习英语的同时不断加深对英语文化的了解。

二、高中英语的教学目标

（一）总目标

高中英语教学的总目标是培养学生的综合语言运用能力。综合语言运用能力的形成建立在语言技能、语言知识、情感态度、学习策略和文化意识等素养整合发展的基础上。语言技能和语言知识是综合语言运用能力基础，文化意识则是得体运用语言的保障，情感态度是影响学生学习和发展的重要因素，学习策略是提高学习效率、发展自主学习能力的先决条件。这五个方面共同促进综合语言运用能力的形成。

（二）分级目标

根据高中生认知能力发展的特点和学业发展的需求，高中英语教学应强调在进一步发展学生综合语言运用能力的基础上，着重提高学生用英语获取信息、处理信息、分析问题和解决问题的能力，特别注重提高学生用英语进行思维和表达的能力，培养学生形成跨文化交际的意识和基本的跨文化交际能力，进一步拓宽国际视野，增强爱国主义精神和民族使命感，形成健全的情感、态度、价值观，为未来发展和终身学习奠定良好的基础。

高中英语教学的目标以义务教育一至五级的目标为基础，共有四个级别（六至九级）的目标要求，其中七级是高中阶段必须达到的级别要求，八级和九级是为愿意进一步提高英语综合语言运用能力的高中生设计的目标。各个级别的要求均以学生的语言技能、语言知识、情感态度、学习策略和文化意识等五个方面的综合行为表现为基础进行总体描述。

1. 六级目标

（1）进一步增强英语学习动机，有较强的自主学习意识。

（2）能理解口头或书面材料中表达的观点，并简单发表自己的见解。

（3）能有效地使用口头或书面语言描述个人经历。

（4）能在教师的帮助下策划、组织和实施英语学习活动。

（5）能主动利用多种教育资源进行学习。

（6）能初步对学习过程和结果进行自我评价，调整学习目标和策略。

（7）能体会交际中所使用语言的文化内涵和背景。

2. 七级目标

（1）有明确和持续的学习动机和自主学习意识。

（2）能就熟悉的话题交流信息，提出问题并陈述自己的意见和建议。

（3）能读懂供高中生阅读的英文原著简写本及英语报刊。

（4）具有初步的实用写作能力，如能够写事务通知和邀请信等。

（5）能在教师的指导下，主动参与计划、组织和实施语言实践活动。

（6）能主动扩展和利用学习资源，从多渠道获取信息，并能利用所获得的信息进行清楚和有条理的表达。

（7）具有较强的自我评价和自我调控能力，基本形成适合自己的学习策略。

（8）理解交际中的文化差异，初步形成跨文化交际意识。

3. 八级目标

（1）有较强的自信心和自主学习能力。

（2）能就熟悉的话题与讲英语的人士进行比较自然的交流。

（3）能就口头或书面语言材料的内容发表评价性见解。

（4）能写出连贯且结构完整的短文。

（5）能自主策划、组织和实施各种语言实践活动，如商讨和制订计划、报告实验和调查结果。

（6）能有效利用网络等多种教育资源获取和处理信息，并根据需要对所获得的信息进行整理、归纳和分析。

（7）能自觉评价学习效果，形成有效的英语学习策略。

（8）了解交际中的文化内涵和背景，对异国文化采取尊重和包容的态度。

4. 九级目标

（1）能独立、自主地规划并实施学习任务。

（2）能听懂有关熟悉话题的演讲、讨论、辩论和报告的主要内容。

（3）能就国内外普遍关心的问题用英语进行交谈，表明自己的态度和观点。

（4）能做日常生活方面的口头翻译。

（5）能利用各种机会用英语进行真实交际。

（6）能借助词典阅读题材较为广泛的科普文章和文学作品。

（7）能用常见应用文体完成一般写作任务，具有初步使用文献的能力。

（8）能自主开辟学习渠道，丰富学习资源。

（9）能关注时事，具有较强的世界意识。

三、高中英语教学的教育价值及地位

英语作为基础教育中的重要组成部分，在经济全球化的浪潮中，越来越受到人们的重视与肯定。目前在我国，不管是城市还是乡村，不管是东部还是西部，学校里几乎都开设了英语这样一门学科课程。英语学科与语文学科、数学学科一起共同组成了我国高中的三大主修课程。出现这种现象，是由英语教学的教育价值及地位决定的。

（一）高中英语教学的教育价值

什么是英语教学的教育价值？在理清这个问题前，我们必须明白什么是“价值”。“价值”是哲学中的一个核心概念，它表征的是“人类认识和实践过程中的一种‘合目的性’或客体的主体人性化的肯定意义”，体现着人类的崇高理想和永恒追求。马克思将“价值”定义为揭示外部客观世界对于满足人的需要的意义关系的范畴，是指具有特定属性的客体对于主体需要的意义价值的本质就在于客体对于主体来说的合目的性，也就是客体符合主体目的的一种肯定意义。[①] 所谓教育价值，是指作为客体的教育现象的属性与作为社会实践主体的人的需要之间的一种特定的关系，对这种关系的不同认识和评价就构成了人们的教育价值观。

价值，作为一种关系范畴，它的出现几乎与人类社会有着同样长远的历史。教育，作为人类社会特有的一种实践活动，从它产生的时候起，便具有了价值；并且，随着人类社会的发展和教育自身形式的不断完善，其价值也愈来愈大。教育价值的客观存在使人类的教育实践活动朝着人们理想的目标发展，使教育在人类历史进程中不断满足日益发展着的社会和人自身的需要。

对应“价值”的概念，不难看出，英语学科教育的本质就是以学生发展为目的，其价值主要以是否合乎学生发展的目的以及合乎的程度来评判。换言之，英语教育活动的价值，主要表现为英语教育活动对于受教育者全面发展的目的的满足。

长久以来，说起英语课，许多人的反应只是对一门外国语言的学习与了解，期望通过英语的学习达到与他人沟通的目的，属于语言技能的学习。这样的学科

① 冯建军 . 关于教育价值概念的思考 [J]. 上海教育科研，1998（10）.

价值取向，导致在教学实践中，我们的英语教育普遍出现了人文素质与语言能力培养“断裂”的状况。但事实上，英语作为一门课程，对学生而言远不止于此，更多的是以语言为载体，与他人沟通交流，了解外国文化。换言之，从学生全面发展的角度来看，英语学科的教育价值主要包括以下三个方面：语言能力发展、态度情感发展和个体成长。

1. 语言能力发展

在学生语言能力发展方面，英语教育家斯宾塞曾指出：“获得任何一种东西有两项价值，作为知识的价值和作为训练的价值。获得每一种事实的知识，除了用以指导行为外，也可以用来练习心智；应该从这两方面来考虑它在为完满生活做准备时的效果。”①斯宾塞这里的知识的价值，实质上指的就是知识的应用价值。因此，应十分注重英语的实用价值，充分肯定英语作为语言交流沟通工具的重要作用，重视知识的实用价值，改变过去那种“学非所用”“用非所学”的做法，切实注意从发挥知识的实用价值角度引导学生牢固地掌握基础知识、基本技能技巧。

具体来说，英语学科要求学生达到如下要求。

第一，具备英语听、说、读、写的语言能力。

第二，能在听或读中克服生词障碍，理解大意，获取准确信息。

第三，能就比较广泛的话题同他人（包括英语国家人士）进行初步交流。

第四，能用英语描述和表达个人意见，同他人交流思想感情。

第五，能在阅读中运用阅读策略获取所需的信息。

第六，能写有关日常生活中常见问题的作文。

2. 态度情感发展

在学生态度情感发展方面，英语课程还具有促进学生认知世界、感知生活的认知价值。学校应注重引导学生在接受英语知识的过程中，通过一定的活动方式去获得人类沉淀下来的历史经验、认识成果，并将这些认识成果内化在自己的知识结构之中，逐步形成认识新事物的能力，从而在已知世界和未知世界之间架起

① 斯宾塞．教育论 [M]．胡毅译．北京：人民教育出版社，1997：10.

一座桥梁，使新生一代站在前人认识基础之上去进行新的探索，从更广阔的社会背景去理解英语课程的学习。

具体来看，英语学科对学生的要求如下。

第一，具有使用英语进行交际的意识并乐于实践。

第二，具有较强的学习能力，能解决学习中遇到的困难。

第三，能与他人合作，完成学习任务。

第四，具有较强的接受外来文化的意识，理解中外文化的基本差异。

然而，在我国目前高中英语教育中，有相当一部分教师对英语教育价值的选择还停留在“传递知识”上，至于认识范围以外的认知价值则很少涉及。因此，这就需要教师对自己的英语教学实践作批判性的反思，找出自己教学行为、言语背后深藏的教学价值观，认识这种价值观的问题所在；探讨新的课堂教学价值观的依据及合理性，进而在头脑中重建高中英语教育价值观，并在自己的教学实践中有意识地、持久地去实现。

3. 个体成长

在学生个体成长方面，随着时代的发展，英语对学生的影响也越来越大，具有促进学生全面健康成长的发展价值。所谓发展价值，是属于知识教育价值的高层次，它主要是指在认知基础上对学生整个精神世界全面发展的促进作用，主要包括道德情感、创造精神、审美能力、和谐人格等方面的发展。教育的全部意义和价值不能仅仅局限于人的自然素质的培养、开发，而是超越自然素质，进而塑造个体精神，促进每个个体在社会生活中具备充沛的精神力量和实践能力。

目前在我国，不管是考试、升学，还是找工作，英语水平都已成为一项重要的考核指标。对于那些有意出国学习或定居的人而言，英语更是必须跨过的第一道门槛。而飞速发展的信息时代也充溢着大量的有用信息，要跟上时代脚步，开阔视野，纵横网络，必须掌握英语这门通用语，通过与他人（尤其是外籍人士）交流等方式获得自己需要的知识信息。此外，通过许多有趣生动的英语歌曲、电影、书籍、电视节目，人们也可以更多地了解外国文化，从而感受掌握另一门语言的学习乐趣。在通过不断学习、认识、感知世界的过程中，丰富自己的精神世界，成长为一个身心健全的人。

（二）高中英语教学的地位

在全球化的趋势带动下，教育也变得日益国际化，面向世界。对于教育国际化，其中一个重要内容就是培养国际化人才，即教育必须要培养具有国际视野、国际理念、合作精神和交往能力的人才。外语水平对一个国家的教育乃至国民经济的影响已引起世界各国广泛的注意。联合国有关文件提出 21 世纪人的生存与发展的基本技能为母语、一门外语和计算机操作能力。欧洲的公民也被要求熟练地掌握三种共同体国家语言并以此作为素质标签。因此，培养国民的外语能力，加强国际观念，增强对国际事务的理解和处理能力已成为许多国家教育改革的重点。中国作为一个日益兴盛的最大的发展中国家也不例外。因此，为提高我国在 21 世纪国际交往中的竞争能力以及竞争中的交际水平，为适应全球经济一体化的需要培养更多、更高水平的复合型外语专业人才打下一个坚实的基础。普及外语和培养外语人才，提高外语教学水平已经不仅仅是一般的教学问题，而是影响我国对外开放、推动我国经济社会发展的重大问题。中国必须有一大批适应现代化建设的综合性人才，学习和掌握一门外语是对 21 世纪中国公民的基本要求。新时代需要新的外语教育来培养适应时代要求的外语人才，作为培养未来国际化人才的基础阶段的外语教育需要高素质的高中英语教师队伍。

在信息时代，作为吸收和交流信息工具的英语，对个人来说，是在激烈竞争的社会中生存的重要手段；对国家来说，已成为国际交往与国内发展必不可少的工具。正是由于外语与信息时代如此息息相通，它已不仅是学校的必修课程，而且已成为基础教育的重要课程。今天，外语教育的目的已经不仅仅是使学生能说几句外国话、能做翻译，而是为了使今后的公民能在多元化的“地球村”中生存和发展做准备，为了使他们更好地利用信息技术进行知识创新做准备。

在我国的义务教育阶段，把英语列为学校开设的必修课程之一，是因为英语课程在基础教育发展中具有重要的战略地位。在世界经济全球化与社会生活信息化的今天，外语学科在教育中的重要地位已十分突出。外语水平直接影响了吸收与交流信息的速度与质量，它不仅体现了一个国家的教育水平，而且关系到国民经济的发展。不仅如此，“学习外语有利于人的全面发展和人才素质的提高；学习外语符合信息时代的要求；学习外语有利于学生在多元化社会中发展；学习外语有利于良好的品格、品质、意志和交往合作精神的发展”。[①] 这已成为世界各国对外语课程价值的统一认识。

因此，作为学校教育一部分的英语教育不仅仅是一门工具性的课程，即通过语言训练培养学生使用外语进行交际的能力，而且在开发智力、开阔视野、启迪创造性思维、树立正确的学习观、养成良好的学习习惯、掌握有效的学习方法和策略等方面，都有着十分重要的意义。更主要的是外语课程也与其他课程一样，应该对学生进行素质教育，在培养创新精神、自主学习能力与实践能力的同时结合外语的特点，使学生认识到中外文化的差异，逐步增强世界意识，促进学生的全面发展，形成健全的品格，让学生逐渐获得终身学习的意识和能力。学习一门外语不论对学生个人还是对国家的发展都具有深远的影响。

第二节　高中英语教学的内容

高中英语教学包含多方面的内容，这里主要从知识结构、能力结构这两个方面进行阐述。

正确而全面地理解和掌握英语学科的知识结构和能力结构，有助于教师在开展英语教学时更加明确教学目标、内容并有针对性地采取相应的教学手段和策略，从而使学生全面地发展英语的综合语言运用能力。这里将对英语学科，特别是高中阶段英语的基本知识结构和能力结构作一重点介绍和分析。

一、基本知识结构

所谓知识结构，是指一个人为了某种需要，按一定的组合方式和比例关系所建构的，由各类知识所组成的，具有开放、动态、通用和多层次特点的知识构架。

著名心理学家布鲁纳认为，掌握事物的结构，就是以使许多别的东西与它有意义地联系起来的方式去理解它。简言之，学习知识结构就是学习事物是怎样相

① 陈琳．全日制义务教育英语课程标准解读 [M]. 北京：北京师范大学出版社，2002.

互关联的。他说:"不论我们选教什么学科，务必使学生理解各门学科的基本结构，这是在运用知识方面的最低要求，它有助于解决学生在课外所遇到的问题和事件，或者在日后训练中所遇到的问题。""经典的迁移问题的中心，与其说是单纯地掌握事实和技巧，不如说是教授和学习结构。"[①] 他还指出，要帮助学生了解那些看似无关的新的事实其实是相互关联的，且与学生已有的知识也是有关联的。可见知识结构对于一门学科的重要意义和价值。建立起合理的知识结构，还有助于培养科学的思维方式，提高自己的实用技能，以适应未来学习、生活和工作的要求。

就英语学科而言，学生在高中阶段，应该学习和掌握的英语学科语言基础知识结构中，包括语音、词汇、词法、句法、语言功能等诸部分。语言知识是语言能力的有机组成部分，是发展语言技能的基础。下面介绍高中阶段英语学科的基础知识结构。

（一）语音

高中生必须达到的要求如下。

第一，语音规则。元音字母在重读开、闭音节中的读音规则，辅音字母的基本读音规则，字母组合的读音规则，单词重音。

第二，国际音标。朗读：句子重音、意群和停顿，连读和不完全爆破，语调，节奏，其中，单词重音，句子重音、意群和停顿，连读和不完全爆破，节奏是高中阶段在语音方面的重点发展项目。

（二）词汇

高中阶段对词汇的总体要求如下。

第一，词汇量。核心词汇累计不少于 2300 词，总词汇量累计不少于 4200 词。

第二，形态变化。单数名词复数、动词现在分词、动词过去式、动词过去分词等。

第三，构词法。合成法、派生法、转化法、首字母缩略法。

第四，单词释义。

---

① 鲁纳（J.S.Bruner）. 教育过程 [M]. 邵瑞珍译 . 文化教育出版社，1982：87.

（三）词法

对于词法，其基本知识结构如下。

（1）名词

普通名词和专有名词，可数名词复数形式的构成及数量表达，不可数名词数量表达，名词所有格 ′s 和 of 结构。

（2）代词

人称代词（主格、宾格、形容词性物主代词、名词性物主代词），指示代词，疑问代词，反身代词，不定代词，it 的用法（表示时间、表示自然现象、表示距离、作形式主语、作形式宾语）。

（3）数词

基数词，序数词，钟点表达法，日期表达法，年份表达法，分数、小数、百分比表达法，基本数学运算表达。

（4）冠词

不定冠词、定冠词、零冠词。

（5）形容词、副词

用法，位置，比较级和最高级的构成和用法。

（6）介词

表示时间，表示地点，表示方式，表示所属关系，其他用法。

（7）连词

并列连词、从属连词。

（8）动词

连系动词，行为动词，助动词，情态动词（情态动词 + 动词原形、情态动词 + 动词完成式、情态动词 + 动词进行式），时态（一般现在时、一般过去时、一般将来时、现在进行时、现在完成时、过去进行时、过去完成时、过去将来时、现在完成进行时、将来完成进行时），语态（主动语态；被动语态，包括一般现在时、一般过去时、一般将来时、现在进行时、现在完成时、过去进行时、过去完成时、过去将来时、现在完成进行时、含情态动词的被动语态、短语动词的被动语态），不定式（构成：肯定式、否定式、wh+不定式、复合结构、进行式、完成式、被动式；用法：作主语、作表语、作宾语、作宾语补足语、作定语、作状语），动名词（构成：肯定式、否定式、完成式、复合结构；用法：作主语、作表语、作宾语、作定语），现在分词（构成：一般式、完成式、被动式；用法：作表语、作定语、作状语、作宾语补足语），过去分词（用法：作表语、作定语、作状语、作宾语补足语）。

高中阶段，动词特别是非谓语动词部分是难点和重点，要在丰富的语境中让学生充分感受到其结构、用法和功能。

（四）句法

英语的句子，从不同的维度可以有不同的划分方式。

第一，虚拟语气。在与事实相反条件句中的用法（与现在事实相反、与过去事实相反、与将来事实相反），在其他从句中的用法（宾语从句、表语从句、主语从句、同位语从句）。

第二，句子种类。陈述句（肯定式、否定式），疑问句（一般疑问句、特殊疑问句、反义疑问句、选择疑问句），祈使句，感叹句。

第三，句子类型。简单句，并列句，复合句（状语从句、定语从句、宾语从句、主语从句、表语从句、同位语从句）。

第四，句子成分。主语、谓语、表语、宾语、定语、状语、补语。

第五，倒装句。

第六，强调结构。用 do/does/did 表示强调，用 it 引导的强调结构。

第七，独立主格结构。

其中，定语从句、主语从句、表语从句、倒装句、强调句、独立主格结构和虚拟语气是高中阶段的新增条目。

（五）功能

所谓语言功能，就是指人们使用语言要达到的目的，例如问候、邀请、抱怨、道歉等。语言功能是通过在具体语境中传递信息达到某种交际目的来体现的。二期课改提出了“高中毕业生一门外语基本过关”的目标，所谓的“基本过关”，即指学生能用正确流利的语言进行得体交流。为达到这个目标，光有语音、词汇、词法和句法的知识还不够，掌握语言功能是实现得体交流、恰当交际不可或缺的部分。

（六）视听和阅读

“视听量”这一概念是英语教学的一大创新。现代语言学习的理论认为，语言信息并非只有传统观念所认为的文字符号一种，在现代教育教学技术高度发达的今天，音像符号是传播范围更广大、速度更快的视听信息，是学生学习十分重要的来源。

对于高中阶段，课程标准的规定是视听量不少于 90 小时，课外阅读量不少于 25 万词。

对高中生提出恰当的英语视听量的学习要求，有利于纠正“重书面、轻口头”“重知识、轻能力”的偏向，为高中生学习英语提供了明确的导向。

合理建立英语学科的基础知识结构，有利于学生对英语学科知识体系的整体把握。结构中的各个板块不是相互独立的，如功能意念是以语音、词汇、词法、句法等为载体实现的；而词法中，非谓语动词与各类复合句、并列句又有着千丝万缕的关系。学生在学习中，通过各个知识板块的相互联系，构建经纬交织的知识网络，克服离散性，这样既易于学习，也便于深化理解和记忆，为语言综合能力的形成打下坚实的基础。

二、基本能力结构

（一）能力与能力结构

能力是一种完成某种活动所需的个性心理特征，分为一般能力与特殊能力。前者是指进行各种活动都必须具备的基本能力，如观察力、记忆力、抽象概括能力等；后者是指从事某些专业性活动所必需的能力，如数学能力、外语能力等。人的各种能力都是在素质的基础上，在后天的学习、生活和社会实践中形成和发展起来的。能力结构则是指各种能力及其搭配与结合的方式。

（二）英语学科能力结构

在基础教育阶段，英语课程的主要任务是激发和培养学生学习英语的兴趣，使学生树立自信心，养成良好的学习习惯和形成有效的学习策略，发展自主学习的能力和合作精神；使学生掌握一定的英语基础知识和听、说、读、写技能，培养学生的观察、记忆、思维、想象能力和创新精神；帮助学生了解世界和中西方文化的差异，拓宽视野，培养爱国主义精神，形成健康的人生观，为他们的终身学习和发展打下良好的基础。这一切，最终是为了培养学生的综合语言运用能力。

综合语言运用能力的形成是建立在学生语言技能、语言知识、情感态度、学习策略和文化意识等素养整体发展基础上的。

（1）语言知识和语言技能是综合语言运用能力的基础

语言知识是语言能力的有机组成部分，是发展语言技能的重要基础。语言技能则是英语学科能力的核心部分，包括听、说、读、写四个方面的技能以及这四种技能的综合运用能力。高中阶段应适当侧重其中阅读能力的培养，兼顾听、说和写的能力的提高，培养综合运用语言的能力和持续学习的能力。

（2）情感态度是影响学生学习和发展的重要因素

它是指兴趣、动机、自信、意志和合作精神等影响学生学习过程和学习效果的相关因素，以及在学习过程中逐渐形成的祖国意识和国际视野。保持积极的学习态度是英语学习成功的关键，与此相关的能力包括自主学习能力、合作学习能力等。

（3）学习策略是提高学习效率、发展自主学习能力的保证

它是指学生为了有效地学习语言和使用语言而采取的各种行动和步骤，包括认知策略、调控策略、交际策略和资源策略等。与此相关的能力包括发散思维能力、创新探索能力、学习迁移能力、反思性学习能力等。

（4）文化意识是得体运用语言的保证

在英语教学中，文化主要指英语国家的历史、地理、风土人情、传统习俗、生活方式、文学艺术、行为规范和价值观念等。接触和了解英语国家的文化有利于对英语的理解和使用，加深对本国文化的理解与认识，培养世界意识，从而形成跨文化交际能力。

根据高中生认知能力发展的特点和学业发展的需求，高中英语课程应强调在进一步发展学生综合语言运用能力的基础上，着重提高学生用英语获取信息、处理信息、分析问题和解决问题的能力，特别注重提高学生用英语进行思维和表达的能力；形成跨文化交际的意识和基本的跨文化交际能力；进一步拓宽国际视野，增强爱国主义精神和民族使命源，形成健全的情感、态度、价值观，为未来发展和终身学习奠定良好的基础。

（三）基本能力及其培养

英语语言技能主要包括听、说、读、写四个部分，它们彼此间相辅相成，互相促进。一般认为，听和读是语言接受技能，读和写是语言生成技能。只有达到足够的语言输入量，才能有效地组织学生围绕所理解和吸收的口头及书面信息开展听、说、读、写活动，提高他们综合语言技能的水平。在高中阶段，应侧重培养学生的阅读能力，兼顾听、说、写能力的培养。

1. 听的技能

在人类交往活动中，听是最基本的形式，是理解和吸收口头信息的交际能力，同时，它也是语言学习过程中信息输入的重要途径之一，是语言学习过程中最初始的环节。研究表明，日常生活交际中，约 40%～50%的时间在听，25%～30%的时间在说，11%～16%的时间在读，而只有大约 9%的时间在写，可见听力能力的使用频率之高，具备相当的实用优势。此外，第二语言习得理论也证明，语言输入是语言习得最基本的条件，听是吸收和巩固语言知识及培养说、读、写语言能力的重要手段。由此可以看出，在学习外语过程中，学生更多利用的是听力理解能力，作为一种输入型技能，它在学生的语言习得中占有十分重要的地位，近年来听力部分在考试中所占比例的增加及要求的提高也足以证明这一点。

从交际角度看，听的言语活动是机械地、被动地理解和接受信息的过程。但从生理学、心理学和信息加工角度看，听是主动积极的交际行为，是高效率、快节奏的脑力劳动。通过听觉领悟语言是一个复杂的心理过程，它包括接受信息，识别、判断和理解信息等多层次的心理活动，是人们通过智力认识活动，将外部言语转化成内部言语的过程。听不仅要求听者正确感知和辨别声音符号，同时还需要调动其原有的语言知识、背景知识、个人生活经验、语感等因素，采用一系列认知策略处理、分析、重构信息，从而理解语言符号所代表的意义。由此可概括出，听力理解能力是指一种迅速正确地辨音解意、理解语意并对听到的信息作出评价反应的能力。其基本技能包括排除口音、背景音等因素的干扰；抓住关键词；听并执行指示语；听大意和主题；确定事物的发展顺序或逻辑关系；预测下文内容；理解说话人的意图和态度；评价所听内容；判断语段的深层含义等。

因此，在对学生进行听力能力训练时，教师要特别注意激发学生听的素质的潜能，培养学生的语感和听的能力，特别是在听的过程中获取和处理信息的能力。在听前活动时，要让学生明确听的目的，产生兴趣和欲望，熟悉话题，联系个人经历，预测大意，学习关键词并了解任务。在进行听力活动时学生可以完成关于材料的选择、填空、连线、画图、补全信息、做笔记、判真伪。听后活动指的是听后讨论、口头或笔头转述所听内容、写出大意等。

2. 说的技能

说是语言技能中最直接、最迅速、最有效的交流方式，是学生表达自己意愿、反馈教学效果的重要方式，是学生对目的语组织、加工和创造的过程。说的发展过程大致要经历三个阶段：说的动机和言语雏形的产生、内在言语的基本构成、通过语言转变为外在言语。在外语语言活动中，又分为说的技能和说的能力两个方题。一方面，说的技能是口语的实际表达状态，它是从语言知识的掌握到说的能力形成之间的必须环节，它的形成对说的能力发展起着重要的促进作用；另一方面，说的能力对说的技能有潜在制约和调节的作用，说的能力的强弱是说的技能的好坏的根本原因。英语说的技能大致包括语音语调正确、词汇运用贴切、词句结构符合表达习惯、言语反应和应变能力敏捷和语言表达简练扼要等因素。

在基础教育阶段，学生口语能力的培养主要侧重于语言微技能即语言形式方面，包括语音、语法和词汇等知识。其基本技能包括引出话题、维持交谈、插话、转移话题、话轮转换、引起注意、澄清意思、请求澄清、表示倾听和理解、预示和结束谈话、利用语音语调表达意思等。

口语能力的培养要求教师在教学中注意提高学生说的准确性、得体性、流利性和连贯性，培养学生的语感。同时灵活运用多种教学策略和教学方法，改善英语学习环境，在各项说的活动中培养学生想说的动机和敢说的自信，特别要注意口语教学活动应具备的真实性和广泛的参与性。

3. 读的技能

读是一种重要的语言交际形式，是人们获得各种书面信息的重要途径。它不是消极地接受信息的活动，而是一种通过视觉感知，来识别和理解语言材料的推理过程。通过对文字符号的辨认和解码，即对词及词组的意义、句子的结构和意义的辨认和掌握，达到对文字符号所蕴含的思想内容的理解。理解能力是阅读中最主要的能力。“侧重培养阅读能力”是新课程标准规定的高中英语教学目的只是培养学生理解和运用英语技能的一个基本方法，又是落实交际实践性的主要途径。加强阅读训练可以为学生创造大量获取语言知识和大量运用语言的机会和条件。在课内外的阅读中既可培养学生对语篇进行分析、综合并从中获得信息的能力，也能培养学生的审美情趣，有助于他们开阔视野，陶冶情操，了解英语国家的社会文化。

精读和泛读是英语阅读的两个方面，其中精读以英语知识（句法、词汇或修辞等）为重，泛读以拓宽学生的知识面、扩大词汇量、培养一定的阅读技巧为主。课程标准中提出的英语阅读能力的基本技能包括略读、找读、预测下文、理解大意、分清文章中的事实和观点、猜测词义、推理判断、了解重点细节、理解文章结构、理解图表信息、理解指代关系、理解逻辑关系、理解作者意图、评价阅读内容等。

教师在教学中要有计划地指导学生掌握科学、有效的阅读方法和技巧，培养他们的语感，特别是培养其在阅读过程中获取和处理信息的能力。同时，指导学生使用词典、语法等工具书及各种英语教育教学资源，鼓励他们在阅读中根据上下文猜测词义等以逐步获得较强的独立阅读的能力，为学生的继续学习和发展奠定坚实的基础。具体有如下五个方面的措施。

第一，帮助学生掌握一定词汇和语法知识，使他们能理解字面意思，具备识别技能。

第二，让学生提高文化意识，掌握尽可能多的世界性知识，增强运用图式网络的技能。

第三，传授语篇结构知识，训练抓住文章主题和要旨的技能。

第四，培养逻辑推理、评价和判断等技能，提高识别词语、理解文章和评价作品的能力。

第五，训练快速阅读技能，增加获取信息的量，扩大知识面。

4. 写的技能

英语学科是一门实践性、应用性很强的学科，其教学不仅仅是让学生学习语言知识，更重要的是培养其运用该语言进行交际的能力。写作即是用书面语言来传递信息和交流感情的一种重要交际方式。

新课程标准从写作本身和学生的实际出发，指出真正意义上的作文必须体现以下几个方面：第一，个性化——会表达个人的观点和态度；第二，注重内容——力求使表达的内容有趣和有效；第三，交际化——注重交流，学会根据读者对象写作，以及遵循英语国家的文化习俗和交际准则；第四，表达形式多样化——能运用多种句子结构、不同的语体以及文体等；第五，强调学生自身责任——能够收集、整理和加工材料，能够拟草稿、讨论和修改。

由此可见，英语写作是一种高级技能，它不是依赖学生的死记硬背或教师的直接传授所能达到的，必须通过多读、多练才能有所提高。其基本技能包括整理思路、组织素材、规划文章结构、列出提纲、起草文章、组织语言、遣词造句、修改文章、正确使用标点符号和字母大小写等。

近年来，高考英语书面表达对学生写作能力的要求逐年提高，它要求学生有扎实的语言基本功，具备一定的审题能力、想象能力、表达能力、评价能力等。而研究发现，教师和学生本身是影响写作能力提高的两大因素。教师因素包括写作教学观、教师的指导和作文评阅。学生因素涉及学生的语言能力、元认知能力和学习态度等，其中，语言能力是指学生掌握语言知识的状况；元认知能力是自我认知、自我反省的能力，元认知水平高的学生在写作过程中有计划、监控和调整的习惯；学习态度是指学生是否正确对待写作训练、是否能按照教师的评语修改或改进。因此，教师在培养学生的写作能力时要尤其注意对这些影响因素的把握，将写作能力的培养看作是一项系统的工程，并遵循经常性、结合性、交际性和多样性的原则开展写作教学。

（四）其他主要能力及其培养

进入“后方法时代”以来，随着应用语言学与第二语言习得与学习研究成果的不断丰富，英语作为外语的教学目标逐渐更新与扩大，其中对学生能力的要求也不仅仅局限于传统的听、说、读、写四方面，而拓展至培养各种策略思维能力及自主学习能力、合作学习能力等方面。尤其是学生运用英语进行交际的能力，已成为英语教学目标中的重要部分。下面就这些主要的英语学习能力作一个简要的阐述。

1. 英语交际能力

1972 年，社会语言学家海姆斯在他著名的《论交际能力》一文中首次提出了“交际能力”的概念。他指出，交际能力是语法、心理、社会文化和实际运用语言等能力系统相互作用的结果。紧接着，英国语言学家韦尔金斯于 1978 年发表了《意念大纲》一书，尖锐地指出了传统的语法大纲和情景大纲的局限性，详尽列举了语言交际中的意念和功能项目，提出了语言交际能力的具体内容。此后，不少应用语言学家根据海姆斯理论对交际能力的界定进行了探讨，卡内尔与斯威恩总结出交际能力包括三个方面的能力①：第一，掌握语法的能力，包括语音、词汇、词法、句法、词义等方面的知识；第二，掌握语言社会功能的能力，指使用语言的社会文化规则与语篇规则；第三，使用策略的能力，即为使交际顺利进行而采取的语言与非语言交际策略等。

经不断探讨，交际能力的组成部分又增加了“理解和使用语篇”的能力，语言的社会功能已具体到问候、告辞、请求、致谢、赞美、祝贺、道歉、原谅、建议、同意与不同意、批准与不批准、承认与否认、同情、鼓励、申诉、劝说、允许、许诺等项目；口语中使用语言的策略也具体到怎样开始会话、维持会话、推迟答复、要求重复、澄清事实、打断或纠正对方、表示犹豫与结束会话等方面。

课堂教学中培养英语交际能力的教学方法主要有以下几种：第一，小组活动。这种方法简便易行，是课堂教学中培养交际能力最常用的方法之一。第二，模拟与角色扮演。这种方法使学生可跟随扮演角色的不断变化，使用社会上各种身份的人在各种场合中使用的语言，表达不同的个性、情感和态度，从而使交际能力

① 左焕琪 . 英语课堂教学的新发展 [M]. 上海：华东师范大学出版社，2007：127.

不断提高。第三，讨论与辩论。这种方法不仅能提高学生掌握口语语篇的能力，而且也是发展学生认知能力的重要方法，同时对于发展思维能力和语言交际能力也是十分有益的。第四，多媒体与网络教学的运用。这可以在很大程度上克服课堂教学在培养交际能力方面的局限性，为学生提供生动与多样的文化背景，将外语课堂与世界各地的人联成一体。第五，任务型教学。这是指根据教学目标从实际生活中选择一项任务，围绕任务培养学生的语言交际能力及其他能力，并进行外语知识教学，它被认为是当代培养语言交际能力比较好的方法。

2. 创造性思维能力

随着科学技术的日新月异和杰出人才的大量涌现，特别是心理学和脑科学研究的深入，发展创造性思维能力不仅在理论上被提到了新的高度，而且已体现在学校人才培养的目标、教学大纲和教材中，并深入至学科教学领域。越来越多的教育工作者认识到，在培养学生的各种思维能力中，除了逻辑思维能力是不可缺少的基本思维能力之外，创造性思维与批判性思维是培养学生思维能力最重要的方面，其中尤以创造性思维能力对学生成长及一生事业影响最大。在英语教学中必须注意发展学生的创造性思维能力，还因为语言与思维有着不可分割的联系，各种语言活动，特别是为发展交际能力而进行的教学活动，实际上都体现了语言能力与思维能力的结合。

创造性思维是创造性认知的体现。创造性思维能力是指对未知的探究、思索和创造性地构建符合客观规律的新知识和新概念以满足社会需求的能力。对个人来说，创造性思维产生于改变现状的强烈愿望，它促使人们对各种事物充满好奇，并善于发现新生事物及其产生的规律。进行创造性思维的结果往往能产生新的成果，使工作更有成效、更省时。在英语教学中，创造性思维使学生不断发现与掌握新的语言规律，同时也促进总体认知能力的提高。它的培养需要点点滴滴的积累与坚持不懈的努力。

我们应当看到，英语教学的主要目的还是培养学生具有使用外语进行交际的能力。因此，培养思维能力应当与英语知识教学与发展英语交际能力结合起来，并有利于后者，而不是喧宾夺主，这是我们培养创造性思维能力时应遵循的原则。具体的培养策略主要有以下几种。

第一，发散性思维与收敛性思维相结合。前者指逻辑演绎或必要的推断，即从充分的现存信息中推断出结论；后者则指从已有信息处产生新的信息，其特点是从一个思维源点产生出大量与多样化的思维线索。

第二，培养猜想、联想与想象能力。这三者是创造的前奏，但其使用必须建立在逻辑思维的基础上，应达到英语课既定的教学目标并以英语进行，应选择适当的英语教学环节进行，而不是过于随意或将其简单化与生搬硬套。

第三，在外语知识学习、技能训练与能力培养中提倡创造精神。发展外语交际能力与培养创造性思维能力不是对立的，而是相互关联、相互影响的。只有将培养创造性思维能力的教学融合于整个外语课堂教学中，才能使之产生真正的成效。

3. 自主学习能力

学生自主学习能力的培养是时代对教育提出的要求，它是学校对学生进行素质教育的一部分，特别是20世纪90年代以来，随着学习外语人数的迅速增长，以及社会对外语需求的急剧增加与对外语人才素质要求的提高，传统外语教学中教师“喂养”学生的理念和方法已远不能适应时代的需要；同时随着当代教育对学生自身成长的重视，培养外语学习过程中学生自主学习能力的问题逐渐显出它的重要意义，并越来越受到人们的关注。除了时代变迁的要求外，自主学习能力之所以如此受到重视的主要原因在于它从认知与情感两方面对学生外语学习的影响都甚大。在任何情况下，外语学习成效的高低，主要取决于学习者的主观努力及他们使用学习策略与方法是否得当，外来的指导与帮助等外因归根结底都需通过学习者本人这一内因才能起作用。在第一语言环境中学习外语，课堂教学时间与外语环境都十分有限，只有自主学习能力强的学生才能充分利用现有的有利条件促进外语学习。

研究学生自主学习能力的专家霍雷克认为，学生的自主学习能力指学习者负责管理自己学习的能力。当前“自主学习”的概念已拓展至五个方面①：第一，自主学习的环境与条件；第二，自主学习所需具备的技能；第三，自主学习能力与学校教育的关系；第四，自主学习者必须培养与行使的责任；第五，自主学习者决定自己学习方向的权利。

① 左焕琪. 英语课堂教学的新发展 [M]. 上海：华东师范大学出版社，2007：138.

需要注意的是"自主学习"与"自学"是不同的概念，前者是一种能力而后者是在学习外语的一种方式。强调自主学习也不是让教师放弃对课堂的主动管理，而是在充分发挥教师的指导作用下的学生独立自主精神及学习策略的养成。

培养学生的自主学习能力，首要的环节是培养学生的学习责任感。要做到这一点，除了从理论上正面进行教育外，还必须在外语课堂教学的各个环节将学习责任感的教育融合于自主学习能力的培养中，并使两者结合起来。具体可从以下几方面开展实践。

使学生明确外语教学目标。根据目标激励法的原则，赋予学生一定的目标制定参与权和建议权，要让学生真正了解教学目标并与教师共同努力达到此目标。关注教学目标不仅能使学生增强课堂主人翁意识与责任感，主动与教师合作掌握教学内容，而且有助于他们调节自己的学习策略与方法，提高自主学习能力。

提高独立思考、独立发现与解决问题能力，提倡创造性地学习外语。要帮助学生学会运用词典等工具书与通过上网等手段自己查阅资料，从中选择所需学习材料，这是培养自主学习能力的又一重要方面。

帮助学生分析、了解与发扬自己的学习风格，并争取他人的帮助。教师应启发学生利用课堂教学的优越性，主动从教师与其他同学处获取知识与提高自己的能力。

总之，自主学习能力包括多个方面，形成这一能力是一个长期积累的过程，需要教师与学生自觉关注，利用教学的各个环节，采取适当的教学方法悉心培养。

4. 合作学习能力

英语课堂教学中学生的合作学习历来是外语教学的传统之一。由于语言具有交际的功能，学习英语必须进行人际交流，合作学习对学生来说几乎是不可避免的。但是，即使是在英语课堂教学中，合作学习的意识和成效也不能自然产生。因此，英语课堂教学改革的一个重要方面就是如何赋予合作学习以当代新理念，使之成为培养新世纪人才的组成部分。

合作学习的一般概念是指组织学生通过合作的方式提高学习成效的理念与形式。国内外多年来的实验证实，合作学习在以下几个方面对外语教学有显著成效：

它有助于调动学生外语学习的主动性与积极性，使学生真正成为课堂的主人；合作学习扩大了外语信息资源，使学生练习与使用外语的频率大为增加；从心理因素看，合作学习使学生处于集体之中，可以在放松状态下发挥能力，提高素质。

合作学习能力涉及学生的人际沟通能力、组织协调能力、自我管理能力、交流表达能力等多种能力的运用与融合。一般说来，培养的方法和策略主要有以下几方面。

第一，明确合作学习的意义，唤起合作意识。教师要不失时机地让学生明白“只有合作才能不断走向成功”的理念，从而唤起合作成员之间同舟共济、荣辱与共的关系意识，形成相互依赖关系。

第二，注重合作兴趣的培养。合作兴趣是合作动机中最现实、最活跃的心理反应，是直接推动学生进行合作学习的内在动力。教师要采取各种行之有效的手段创设合作情境，以便充分调动学生合作的兴趣，促使学生乐于合作，共同分享合作的喜悦，体验合作的乐趣，在愉悦中增长知识，发展能力，提高素质。

第三，强调合作方法的指导。教师可以在合作学习开展前教给学生正确的合作学习的方法，如交流时倾听的技巧、询问不明白问题的技巧、思考的技巧、自信表达自己观点的技巧等。教师也可以在合作学习的开展中渗透合作学习的技巧，做到“润物细无声”。

第四，重视合作探究能力的评价方式。由激励个人竞争转变为激励小组集体合作，并注意合作学习的过程评价。这有利于培养学生的团队意识和竞争意识，增强学生在小组中的个人责任感和合作动机，从而真正实现每个学生都能得到发展的目标。

总之，新课程的改革要求教师必须树立适应素质教育需要的教育观和促进学生自主合作学习的教学观，采用合作学习的教学模式，本着实事求是的态度，扎实地进行课程改革。对于学生合作学习出现的问题，要用正确的理论和方法加以指导，采用合理的方法和策略进行培养，如此才能有效地促进学生合作学习能力的发展。

第三节　高中英语教学的影响因素

影响英语教学的因素有很多方面，这里主要从以下这几个角度进行探究。

一、地理因素

中国沿海地区经济的飞速发展带动了教育的不断发展，因为这些地域经济发展是靠人才的大量引进来实现的，城市高素质人才的进入必然导致这些人才自身素质的充分展现，同时，他们还在经济竞争中不断地提高和完善自己，这样就形成了一个高素质层人群。正是他们为当地社会的繁荣和发展产生了巨大的推动力，同样，也自然而然地推动了教育的进步和发展。

相反，随着高考制度的进一步深化改革，很多较为偏远或经济不那么发达地区的学生，都纷纷考取名牌大学，毕业后基本不回当地。再者，随着中青年人群大量涌入经济发达地区打工，他们不但自己走出家门开阔视野，而且对子女的教育尤为重视，大多数人把孩子带到经济较为发达的地区就读。诸如以上种种现象导致部分经济不发达地区的教育出现两难境地：一方面，新课程改革要学生在已有知识的基础上，注重能力的形成和提高；另一方面，学生的知识储备严重缺失，不仅学科知识积累不足，而且基本的文化素养严重缺乏。因此说，有些地域的学生学英语难，教师教英语更难。

（一）欠发达地区情况

由于农村人口基本文化素养偏低的现实，必然出现家庭教育层次不高、家庭教育观念滞后的现象，那么学校教育的诸多方面就受到影响，英语教学的困难自然而然就出现了。

1. 家庭教育

现行农村人口文化程度现状是研究生以上学历的比例少而又少，本科以上学历或达到本科文化程度的人数也是屈指可数，高中毕业生务农的也不是很多，大多是高中没毕业的人务农，他们的后代在接受教育时必然要受到家庭教育的影响。

2. 社会教育环境

许多达不到中等发达城市水平的城镇、乡村，能提供给孩子们的整体社会教育环境达不到现行教育的需求，表现为：社会文化氛围缺乏，教育条件达不到相应的标准，人力资源不足等等。

3. 师资力量

高素质教师大都就职于待遇较高、生活条件较好的大中城市。

（二）中等以上发达城市的情况

中等以上发达的城市教育环境较好，条件设施也很完备，能为孩子学好英语提供更有力的保障。

发达地区整体人口素质和文化底蕴较为深厚，无论是家庭小环境还是社区大环境都为孩子的教育提供了有力的影响空间。

发达地区的经济实力也较为雄厚，能为孩子接受良好的教育提供更多更好的外部设施保障和经济支撑。

由于经济较发达，自然也会吸引大量高素质的教师。

二、学生自身因素

（一）学生的角色定位

在英语教学中，学生主要扮演以下几个角色。

1. 主人

学生是英语教学中的主人。学生对知识的探索、发现、吸收以及内化等实践都有利于知识体系的构建，有利于形成科学的世界观、人生观和价值观。

2. 参与者

作为外语教学活动的重要参与者，学生应积极主动地参与到各项活动中，积极思考，勇于表达自己的观点，展示个人的才能。

3. 合作者

英语教学是师生之间及学生之间共同进行的，因而团队合作是不可缺少的。在合作中，他们可以相互学习、相互帮助，共同提高。

4. 反馈者

在英语教学中，学生的反馈信息是教师教学的一个重要依据。学生可以结合自身学习经历和教学法的实用性向教师提出建议或意见，并协助教师改进和完善教学内容和教学方法，从而提高教学效果。

（二）学生对教学的影响

1. 个体差异

语言潜能是学习外语所需要的认知素质，它是一种固定的天资。努力提高学生的外语素质就是对学生综合语言运用能力的培养，而语言潜能也就是学生用自己的认知素质来预测其学习外语的潜在能力。学生应具有以下几种学习能力。

（1）学生应具有语音编码解码的能力，即关于输入处理的能力。

（2）学生应有归纳性语言学习的能力，它是有关语言材料的组织和操作。

（3）学生对语法还应有一定的敏感性，它是从语言材料中推断语言规则的能力。

（4）学生应具有一定的联想记忆能力，它是关于新材料的吸收和同化。每个学生的语言潜能都存在着差异，在英语教学过程中，教师应因材施教。

2. 智力因素

普通高中的学生一部分人智力水平能达到一定的课业要求，但是，绝大部分学生的智力层次达不到要求却要同时兼顾众多学科的繁重学习任务，往往顾此失彼。

3. 情感因素

普通高中的学生之所以课业成绩不尽如人意，一定程度上和他们的情感，态度、意志品质有很大关系，他们大多缺少意志力，更缺少长久的坚持力和钻研精神。

4. 自身知识基础因素

大部分学生的智力因素和情感、态度因素导致他们对已学知识的积累和储备严重欠缺，在此基础上学习高中课程就是在恶性循环中进行新知识的学习，基本属于在未知的基础上学习新的未知。

只有少数学生对语言学习出于本能的爱好，所以学起英语来自然就轻松。但是大部分学生自身智力因素不是很理想或从小文化积淀达不到一定的水平，虽然想学好英语，学起来却很吃力。很多学生没有良好的学习习惯，更谈不上学习兴趣，真实的心理活动就是挨一天是一天，当一天和尚撞一天钟。出于升学和就业的压力，他们是不得不学习，更是不得不学英语，完全是一种被动的学习行为。

三、教师因素

（一）教师的角色定位

教师是英语教学的重要因素，在英语教学中起着主导作用。在英语课堂上，教师主要充当两种角色，即掌控者和引导者。作为一名合格的英语教师，首先应该具有纯正的发音。然而并非所有的英语教师都具有纯正的发音，所以教师可借助网络视频、音频，以及多媒体等手段来弥补自己的不足，确保学生在课堂上所听的语言都是纯正的。同时，教师在讲解单词、句子、课文时，应该穿插一些解释，对难懂的词语要不断重复。

在多数英语课堂上。教师的讲话占据课堂时间的大部分，不可否认，教师的讲话有利于学生的语言习得，但也不能因此牺牲掉学生的练习时间。同时，教师还要注意不断变化教学形式，以增强课堂的趣味性。一个合格的英语教师还应具有一定的应变能力，能预测课堂活动中出现的状况，能很好地处理课堂上的突发事件，确保课堂活动的有序开展。

此外，教师应该随时调整自己的提问方式、语言运用、提供反馈的方式。在英语课堂中，提问是教师常用的一种教学手段。通过提问，可以有效激发学生的学习兴趣，促使学生积极思考，帮助教师诱导某些知识结构。另外，语言运用的方式也很重要，为了让学生对所讲述知识有一个充分的了解，教师在教学中可以采用重复话语、降低语速、增加停顿、改变发音、调整措辞、简化语法规则、调整语篇等方法。

学生是英语教学的重要反馈者，同样，教师的反馈也是十分重要的。所谓提供教师的反馈就是指教师为学生的学习情况提供反馈。教师的反馈可以是对学生话语的回答，如表示学生问答正确或错误、赞扬鼓励、扩展学生的答案、重复学生所答、总结学生回答、批评等。总之，教师的目的就是采用不同形式的教学方法，调动学生的积极性，扩展学生的知识面，培养学生的学习能力，提高整体的教学效果。

（二）教师对教学的影响

1. 教学观念过于落后

伴随着新课程改革工作的不断深入，高中英语课程顺应新课改的要求，在不断地更改教学目标和授课方式，在无形当中提高高中生在课堂中的主体地位，让他们的听说读写能力得到较大程度的提高。然而，仍然有很多高中英语教育者受应试教育观念的影响，将绝大多数的教学重点放在教材内容中，英语课堂中最常见的是满堂灌或填鸭式的教学方法，这严重挫伤高中生的学习积极性。

2. 教育者忽略学生的主体地位

一直以来，绝大多数高中英语教育者都非常珍惜课堂中的每一分和每一秒时间，很少会给学生预留出足够多的自学时间。正是由于教育者在课堂中的滔滔不绝，才使学生因长时间处于被动学习状态而对英语课程产生厌烦情绪。此外，学生在学习英语课程的过程中不能将自己的心中所想和问题及时告知教育者，在经过较长时间的积累以后，学生会从心理上对英语课程产生抵触心理。

3. 教学评价模式比较单一

高考是学生一生中最为重要的转折点，近几年，我国的教育部门已经开始落实对高考的改革和创新，让学生的学习和升学压力得到较好的缓解。但是在实际高中英语教学过程中，高考仍然是众多教育者与学生都难以逾越的一道“鸿沟”，在应试教育思想的压力之下，新课改只能流于形式。此外，即使是对学生的日常学习情况进行了解，教育者采用的是考试的方式，并且没有综合且客观性地考虑到学生本身的学习能力与进步情况，这严重影响到他们的自信心。

第四节　高中英语教学的现状

一、高中英语教学面临的问题

目前普通高中的英语教学现状，有可喜的一面，广大英语教师在新一轮课程改革中，不断学习新的教育教学理念，摸索、尝试、运用新的教育教学方式，力图实现有效教学的目标。教师的教学思想有了很大提高，如“发展运用语言进行交际的能力”“以学生为中心”等观点越来越多地被接受。一批一线教师努力熟悉新的教学内容和方法，灵活驾驭、处理教材，精心设计教学活动。教学活动的设计以语言功能和运用能力为主，兼顾语言结构，竭力避免传统教学中教师枯燥讲解的弊端，努力实现课堂教学交际化，因此，学生能在交际情境中学习语言，学得主动、轻松，兴趣得到激发，积极性得到提高。

虽然有许多方面让人欣喜，但从通过大量的听课调研以及自己多年在普通高中一线从事教学工作的体会来看，从根本意义上讲，普通高中英语教师教学现状还有诸多不尽如人意的地方。

（一）从教师角度来分析

1. 部分教师的教学模式不能激发学生学习兴趣

当前的英语教学不仅是孤立的学科知识传授，还要时刻结合英美等国家的文化背景，使知识内容呈现出多样化的色彩。如果只是一成不变地照本宣科，势必使教学失去弹性，失去许多功能性实效性。

2. 部分教师还不能完全适应新教材的教学

部分教师还不能完全适应新教材的教学，仍存在“穿新鞋走老路”的现象，表现如下。

（1）把较多的时间放在语言点的学习和语言技能的训练上，留给学生的活动时间相对减少，忽视了实际能力的培养。

（2）被动多于主动，灌输多于启发，学生总是处于被动地听、记、背、练的苦学之中；重视结论的记忆，忽视学习过程。

（3）重视教学的整齐划一，忽视学生个体差异的创造才能。

（4）对新教材各种课型教学的思路、模式和方法掌握不准，不懂得针对不同的课型建立不同的教学模式，如把对话课上成阅读课、把泛读课上成精读课、把阅读课上成语法课等，不懂得如何根据不同的课型培养学生听、说、读、写的语言交际能力，课堂教学步骤层次不清。

3. 部分教师忽视主体性原则

传统的看法认为教师的任务就是传授知识，于是一堂阅读教学课就成了“教师讲，学生听”的守旧课，教师与学生间没能形成一个互动合作的教学氛围，学生的积极性和主动性没能得到发挥，从而大大地冷却了学生的学习热情，影响了阅读教学的效果。

4. 部分教师的文化素养、语言水平和教学能力亟待提高

部分教师存在语言水平不高的情况，如语音不准确，语调欠纯正；有的口语较差，语法错误较多，课堂语言单调贫乏，不能很好地胜任课堂语言交际活动的顾问和组织者的角色，以致无法创设一种“逼真的”交际环境。

5. 部分教师在教学中对新教材的理解偏颇

例如，有些教师认为交际教学反对教语法，学生只要能听会说就行，因而忽略英语基础知识的教学，课堂教学看上去热热闹闹，但实际教学却收效甚微。虽然有部分学生的听、说能力确有提高，但是读、写能力有所下降，准确性差，单词拼写错误百出，语法错误五花八门，结果又出现了“文盲英语”。这种倾向实际上是把“知”与“能”的关系对立了起来。

（二）从英语课堂教学角度来分析

1. 新教材，老教法

不少教师谈起新的课改理念虽能说得头头是道，但在课堂教学中，基本上是一讲到底，师生之间、生生之间的互动偏少，一节课留给学生自主学习或进行语言交际实践活动的时间甚少，学生缺乏自主学习、独立思考和合作探究的时间和空间。

2. 教学意识与教学行为尚有差距

教师的教学意识与课堂上的教学行为并不完全相符，这就出现了教学思想与教学行为之间的矛盾。例如，部分教师不断地强调以学生为主体原则的重要性，但在课堂教学中，许多本可以由学生主持或负责的活动，自己却全部或大部分包揽了，致使自己成为课堂活动的中心。再如，教师们虽都认为教学过程应该实现交际化，但有的老师却认为课堂上学生多读、多说就是交际，因而出现了教学环节中教学活动仍局限于练习，而且主要是有控制的机械练习的现象，而供学生灵活运用语言练习的活动却不多。

3. 有效提问少

部分教师课堂问题设置局限在内容浅层或直接信息的提问，这样的问题很难激起学生的学习兴趣，教师不注意在知识的关键处、理解的疑难处、思维的转折处、规律的探求处设问，起不到由浅入深启迪学生思维、使学生逐步深化认识的作用。

4. 重知识讲授，轻能力培养

部分教师只重视学生对知识的汲取和掌握，以让学生理解教材的知识内容为宗旨，以讲清课本语言素材的汉语意思、语言素材中的知识点为重点。课堂教学忽视学生的阅读能力、写作能力及口头表达能力的培养。

5. 对课堂生成问题的处理和解决拿捏不准

部分教师在课堂授课过程中，对出现的突发问题和新生成问题，不能恰当而有效地进行知识延伸和相关问题的引领，对于学生当堂提出的问题，有的不知所措，有的所讲非所问。

（三）从培养学生语言学习能力的角度来分析

1. 听说教学方面

目前，大部分高中生都认识到学好口语和听力的必要性，而且他们自己也想说一口流畅的英语。这说明学生们不仅知道口语和听力的重要性，而且有用英语进行交际的强烈愿望，但由于受学习条件和环境的限制，大多数学生听力和口语基础较差，听力和口语水平较低。其表现如下。

（1）由于语言基础知识，包括语音、语调、语速、词汇、句型、语法等）不扎实，造成了听说的语言障碍，使听说训练成了“空中楼阁”。例如，有的学生由于发音不准，误解了词义；有的学生由于语法太差，对于一些较复杂的句子感到迷惑不解；有的学生由于词汇量太少，不能理解词汇的确切含义等，即使想好了汉语也不知道怎么用英语表达，怕说错。久而久之便失去了自信心，也就对听力训练失去了兴趣。

（2）由于有的学生对英语学习没兴趣，从心理上产生了抵触情绪。因此，在听说训练时很少主动参与，摆出一副“旁观者”的架势；还有一些学生对听说训练不重视，在听说学习和测试中抱有侥幸心理，只想答题时碰运气；再者，有些学生心理素质欠佳，缺乏听说技巧，在进行听说训练时常常紧张不安，焦急害怕，心理压力很大，对听说产生恐惧感，造成严重的心理障碍，这直接影响其听说技能的发挥。

（3）有的学生由于缺乏必备的英美文化背景知识，对英美国家的社会风俗习惯缺乏了解，没有注意到中外文化的差异而造成听说障碍。

上述原因客观上反映了当前英语听说教学存在着要求与评价脱节、师资队伍培训与现代教学要求脱节的问题。主观上看，很多学生和教师没能从长远和发展的战略高度看待英语交际的必要性，以及听说能力教学对语言学习的促进作用。

2. 阅读教学方面

（1）过度关注语言点

部分教师还沿袭旧有的外语教学方式，过度重视语言点，对阅读材料逐词逐句翻译，教师从头讲到尾，结果，学生的阅读探究过程完全被教师包办代替。这样的课堂，教师既消耗体力又耗费时间，学生被动式学习，失去了学习探究的动力，久而久之，学生也觉得枯燥乏味。在单位时间内，学生的阅读量、阅读速度、阅读技能和理解能力都受到了较大制约。

（2）完全淡化语言点

部分教师认为，新课标教材淡化语言点和语法，对于阅读材料能理解大致意思就可以了，他们给学生指定了阅读材料和相应的问题后，只是让学生在限定的时间内找出与问题相关的答案就算讲完课了。这种矫枉过正的做法让学生丧失了对整个语篇理解能力进行培养的机会，学生词汇储备少得可怜，对包含重要语法语言点的单句或复合句失去了剖析、理解和内化的重要过程。

（3）忽视背景知识的传授

学生不能在特定的情景中理解课文，也便无法根据相关知识理解材料，这就会导致理解率偏低。所以，他们不能把已学知识运用到具体的实践中去，最终导致学生英语语言交际能力水平低。

（4）阅读范围狭窄

有的教师总是认为抓住教材也就抓住了高考。事实上，学生的阅读量应该相当的大，要通过大量而有效的训练达到能独立阅读英语报纸、杂志，并能根据需要从网络等资源中获取信息的目标。而教师的做法往往和培养学生这方面的语言技能的要求相距甚远，他们大多是教材上有什么就教什么，教师成了教材的奴隶，如此结果造成学生的阅读理解之路必然越走越窄。

（5）缺乏足够的阅读技巧与方法指导

在实际的阅读理解教学中，有的教师对学生的阅读技巧与方法指导较少。即使有，也只是作一些简单的要求，如读多少、读什么、先浏览文章后看问题或先看问题后浏览文章。在实际教学中，存在只图阅读数量不图质量和耗时太多、效率极低的情况，难以应对高考的要求。

3. 写作教学方面

（1）对写作教学重视不足

长期以来，有些专家过多强调语言交际功能的重要性，受之影响很多高中教师对写作常持有一种错误的观念，即认为写作无非是将口头语言呈现在纸上的过程。因此，根本无需进行特别训练，只要掌握充足的词汇和准确的语法，那么写出好作文就不难了。再者，自从高考英语试题中引进标准化题型以来，在英语考试中，不管是期中、期末考试，还是高考，其题型主要是客观选择题，写作分数相对比重较小，并且写作水平的提高又是慢功夫，很难通过短期强化取得显著的进步，所以在实际的课堂教学中，写作训练往往被忽视。

（2）忽视学生英语写作兴趣

教师对学生作品评价缺乏多元化，导致学生写作内容脱离生活实际，缺少写作动机和表达自我观点的愿望。

（3）写作教学方式陈旧

长期以来，高中英语写作教学形成了一套固定、低效、重复的程序，即教师负责挑选写作主题，提出写作要求，解释和指导写作方法；然后学生在规定的时间内完成并上交；教师再对学生的作品进行评改、打分；最后，教师发放范文让学生诵读、背诵。在此过程中，学生一直处于教师的管理和控制中，被动写作，选题的自由、创作的自由、讨论的自由、合作的自由和自我表达的自由都不能得到充分的发挥，于是，他们的思维能力无法得到充分的发挥，心智发展需求无法得到满足。最终，写作之于学生成为不得不写的应付之作，于教师则成为一种不得不批的工作负担。这样单调而沉闷的写作教学方式，其效果可想而知，于是，英语写作教学沦为鸡肋，教师和学生对其都感觉兴趣索然。

（4）教授写作教学的教师素质不高

部分教师忙于知识点、语法的讲授，忽视了对写作教学深层次研究，再者，对写作评价不够完善、对写作教学缺乏信心等因素导致了教师对写作专项训练的指导不够理想，很少有教师能基于写作特点和学生写作能力现状制订一套完整的英语写作教学计划。

（5）忽视培养学生英语交际能力

部分教师的教学活动仍然把注意力放在讲授课文大意、语言点、语法等内容上，没设计足够的机会、没创设足够的环境去训练交际能力，结果造成学生语言运用时不能得心应手；写作时，更是语不成句，错误百出。

（6）汉语思维干扰

由于各国在文化、历史、生活习惯等方面存在差异，西方人和中国人的思维模式也存在明显的不同。一般来讲，中国人在表达观点时比较婉转，是一种循环式的思维模式。而西方人的思维模式则是直线型的。他们在表达观点时，先将最重要的放在最前面，以引起读者的注意。于是在英语写作中，学生们常常受到母语思维模式的影响，写出来的文章多是英文单词的堆砌，到处可见汉语回译的痕迹，根本不是地道的英语表达。中国学生在写作时，习惯借助汉语思维，甚至用中文构思文章结构，安排内容，然后再将汉语句子逐字逐句地翻译成英语，结果文章中就出现了大量的中式英语。

（7）英语写作训练缺乏

为了方便备课讲评，老师对学生的训练采用单一的形式，语言知识得不到有效综合运用；写作训练侧重于机械性重复训练，缺少搜索信息、处理信息和输出信息的灵活运用技能训练。

通过对上述普通高中英语教学过程中存在现状的分析，我们应该认识到，普通高中英语教学转变教学观念、改进教学方法是当务之急，刻不容缓。

二、高中英语教学的解决策略

（一）转化教师教学观念

《高中新课程英语教学指导意见》是现阶段课程改革的纲领性文件，更是我们实施教学行为的教育观念与教育思想的支撑，它对英语教师的教学具有直接指导意义，也为广大英语教师的自身业务发展和有效教学行为提出了要求。我们作为一名普通高中的英语教师，应该深入学习和研究它，努力在教学实践中摸索出一条属于自己的、从教育对象实际出发的教育教学思路，树立全新的教学理念。

1. 面向全体学生，满足不同需求

普通高中教育是面向大众的基础教育，英语教学也必然要为全体学生终身发展奠定基础。学生在英语课程学习中会存在智力、习惯、兴趣、性格、态度、语言基础、能力、学习方式等方面的差异。教师要承认和尊重差异，以先天的禀赋为基础，尽可能挖掘和发挥学生学习英语的潜能，并获得稳定的、长期发挥作用的基本品质结构，对于学生英语学习过程中的思想、知识、身体、心理品质等，教师都要认真关注，以便满足不同学生的不同学习需求，真正做到面向全体学生。

2. 重视基础学习，为未来发展准备条件

帮助学生打好语言基础，为他们今后升学、就业和终身学习创造条件，并使他们具备作为 21 世纪公民所应有的基本英语素养，这应该是我们的英语教学方向。随着我国的对外开放在政治、经济、文化和社会发展中地位的不断上升，对外交流的机会越来越频繁，外语学习已经成为全社会共同的需求，通过学校教育获取外语知识的途径越来越重要。那么，新的英语教学方向既要顺应时代潮流和人的自我发展需求，也要顺应未来社会发展的需求，使英语教育成为一种积极的，以关注人生、成就人生为主导的人文教育。

另外，除了英语知识本身的基础外，还有具备运用英语的基本技能。根据学生的认知特点和学习发展需要，着重提高学生用英语获取信息、处理信息、分析和解决问题的能力，培养学生用英语进行思维和表达的能力，为学生进一步学习和发展创造必要的条件。

过去的教学观念主要突出英语在国际交往中的工具性，总是给人以学英语是为了说英语、写英语或进行双语翻译等专业目的进行的，而现在扩充为“获取信息”或“分析问题、解决问题”这些人人都需要掌握的基本能力，这就为英语教学确定了一个更加大众化的目标。与已有观念相比，“用英语获取信息、处理信息、分析和解决问题的能力”完全是着眼于21世纪信息社会对人的职业要求和生活需求，更是着眼于开放型社会与国际交流的发展趋势。

3. 优化学习方式，提高自主学习能力

“优化学习方式”就是使学习方式尽可能完善，从而产生最佳效率，而一个完美的或高效的学习方式有赖于学生的自主学习能力，以达到自我调节和自我完善的目的。培养自主学习能力的过程就是进行自主学习的过程，也是引导学生培养积极主动的学习方法，以形成各自有效的学习策略的过程。

这里所说的学习方式不仅仅是具体的学习方法，而且是指学习新知识或解决问题时采取的一贯方式。学生接受教师所传授的、课堂所讲授的、书本所灌输的知识，然后去理解、记忆并回答考试题的传统教学方式虽然能使部分学生打下扎实的基础，但学生被视为“应试的机器”或是“可填塞知识的容器”，他们没有受到应有的尊重，得不到应有的发展“空间”，难以发挥主动性和创造性。

新课程标准所倡导的自主学习、探究学习、合作学习等才真正能体现学生学习方式的变革。所谓自主学习是与传统的接受学习相对应的一种现代化学习方式。以学生作为学习的主体，通过学生独立的分析、探索、实践、质疑、创造等方法来实现学习目标。强调学习的主动性，就是使学生对学习感兴趣，视学习为乐事，把学习跟自己的生活、成长、发展有机地联系起来。另外，独立性和独特性也是自主学习明显的特征。从教到学的转化过程也就是使学生从依赖到独立的过程，从“依赖课堂、书本、教师”到“超越课堂、书本、教师”，学会自我调控，运用学习策略，最终实现“我能学”。

不同的学生有不同的个性，不同的学生有不同的认知水平、思维方式、学习需要、学习风格和学习能力，学习的结果也就各不相同。英语学习中学生的差异更为突出，因此英语教学过程中，要尊重每一个学生的独特个性和差异，为每个学生提供创造发展的空间，使每个学生的潜能得以发挥，获得成功感。英语学习强调实践，有身体活动，口、手、耳、眼、脑并用；有心灵感悟。模仿和记忆语言知识是需要的，但语言技能和使用语言的能力光靠模仿和记忆是培养不成的。这就要求教师在教学过程中能创造使学生自觉地参与各种交际性活动的情形，在这些活动中体验和获得直接经验，并加以改造和发展。

4. 关注情感和人文素养

语言与情感态度有密切的关系。学生在英语学习过程中形成的各种情感态度直接影响学生的学习效果，因此，保持积极的学习态度是英语学习成功的关键。

情感态度指兴趣、动机、自信、意志和合作精神等影响学生学习过程和学习效果的相关因素，以及学生在学习过程中逐渐形成的祖国意识和国际视野。我们应该认识到，学生只有对自己、对英语、对英语学习以及英语文化有积极的情感，才能保持英语学习的动力并取得好成绩。消极的情感不仅会影响英语学习的效果，而且会影响学生的全面发展和长远发展。

在英语教学中教师要特别关注学生的情感，融情感于教学，用自己的热情带动学生的热情。加强课堂教学，精心设计课堂，不断变换形式，创造清新、活泼的学习氛围，充分调动学生的学习兴趣。创设各种合作学习的活动，促使学生互相学习、互相帮助，体验集体荣誉和成就感，发展合作精神，建立融洽的师生交流渠道，营造宽松、民主、和谐的教学氛围。

文化意识包括文化知识、文化理解、跨文化交际意识和跨文化交际能力，这四个方面是密不可分、相互促进的。在英语教学中，教师应该让学生充分接触和了解英语国家的历史、地理、风土人情、传统习俗、生活方式、文学艺术、行为规范和价值观念等。了解这些有利于学生丰富生活经历、扩展视野；有利于促进对英语语言本身的理解和使用；有利于加深对本国文化的理解与认识，增强世界意识；有利于发展学生对文化差异的敏感性、灵活性和批判态度，形成跨文化交际能力。教师应根据学生的年龄特点和认知能力，逐步扩展文化知识的内容和范围。教学中涉及的文化知识应与学生的日常生活、知识结构和认知水平等密切相关，并能激发学生学习英语文化的兴趣。

5. 注重过程评价，促进学生发展

学生在英语学习过程中表现出来的情感、思想、个性、行为等各个方面都应该得到教师的关注，并及时得到评价。

传统的评价方式通常采用统一标准、机械的方式和单一的方法来评价有着独特精神世界与心灵体验的学生，评价的功能局限于甄别和选拔，教师在评价的过程中往往忽视评价的教育作用，甚至在评价中将学生简单地定性为“好学生”或“坏学生”，导致“好学生”感觉到教师的激励，“差学生”感觉被冷淡，自暴自弃，破罐子破摔，从而造成不良的教育影响。因此，要强调评价的教育功能，强调评价的最终目的在于促使学生自我反思，自我成长。

新课程评价应该是充满着爱的教育，教师评价学生是出于对学生的关怀，出于对学生深厚炽热的爱，同时在评价过程中让学生体会到教师的良苦用心，在反思自己的同时也学会关心别人。

（二）转变教材使用策略

在新课改背景下，教师不应该把教材当成“控制”和“规范”教学的“法定文化”，也不应该把“统编教材”当成“圣经”，不敢增删，盲目遵循其规定的教法，不敢越雷池一步。教师应该转变教材观念，因为，即使依最新理念指导编写的教材，如果由理念陈旧的教师来教，也不能或很少能体现新的理念。教材是我国学校教育的主要的但不是唯一的课程资源，教材是服务于教学的材料和工具。教师不应该只是教材阐述者和传授者，而是根据学生的需要和教学的实际，灵活地、创造性地研究教的内容和方法，对教材做革新性和批判性使用；不是“带着教材走向学生”，而是“带着学生（或是在师生互动中）走向教材”。

1. 善于灵活运用教材

教师要根据学生的实际和教学的需要，对教材进行适当的、有科学性的补充和删减，或替换或扩展教学内容、活动步骤及调整教学顺序等。

2. 善于积累课程资源

新教材以模块为单位，以话题为主线，因此，教师完全可以结合话题进行教学资源的积累，甚至还包括与之相关的学生生活经验和生活阅历调查资料的积累，并对之进行加工，从而为更高效地使用教材打下良好基础。

3. 善于有效整合各学科

教师应该善于以教材为载体，加强各学科整合。语言是文化的载体，是交流的工具。学生学习外语最终是为了达到用语言进行交际以及吸取和处理信息。因此，英语教材具有较强的跨学科的性质。现行教材除了日常交际活动的范畴，还渗透着其他学科，如思想品德、社会、自然、体育、音乐、医学、历史、地理、人口教育、环境保护、法制教育、信息技术、航天技术、天文气象等。具有学科融合特点的教材可以开阔学生的视野，满足他们求知的欲望，而且能够引导学生面向社会、了解世界、增强国际意识。

4. 善于广泛开发教材

新的课程要求教师要有以教材为基础开发教材的能力。教师和学生要做教材的主人，而不是教材的奴隶。开发教材，是在教师及学生实践的基础上深入反思中进行的。教师应积极激发学生的联想与创新思维，师生互动共同开发教材，为更好地利用教材进行有益的探索。

由上可见，教材仅仅是为教师的教学提供了平台，而不是禁锢教师教学和学生学习的枷锁。教师只有从原来的教材观中迈出来，才能充分而合理地研究教材、挖掘教材、利用教材。

（三）转变培养策略

1. 听说能力培养策略

培养学生听的能力不是一朝一夕的事，要坚持经常反复地训练。要从听的基本功开始到听的技巧再到听的训练频率及听的时间安排等多方面考虑和计划。

（1）树立正确观念

学习语言的最终目的是交际，如果既听不明白也表达不出来，只会书面表达，这样的语言学习是毫无意义的。因此，语言学习，首先要解决观念问题，要树立重视听说的观念。自然听说教学也应该是英语教学的核心所在。而认为听说课可有可无，可练可不练，听力教材可用可不用，可浅可深，可旧可新的想法是值得探讨的。只有树立正确的观念，才能认真操作达到高中英语教纲中每个单元至少有一节口语课、两节听力课的要求。此外，还应该在学生的边角料时间里合理安排，适当训练。

（2）重视单词读音策略

标准的单词读音是训练听说能力的前提条件，没有标准的单词读音作为基础，就无从谈起听说能力的培养。教师在平时的课堂教学以及各项辅导中，都要关注英语单词读音的标准性，并能熟练掌握，同时还要关注各种读音规律，如连读、缩读、爆破音、破擦音等读音。教师可以在课上或课下指导学生把应该掌握的单词反复朗读，直至读准、读熟。

（3）养成良好习惯

从英语教学角度来说，向学生提供大量的听说材料以及听说为主的活动，是扩大学生语言输入的好途径，有助于提高学生听力水平，对培养学生语感和语言运用能力具有很重要的作用。

英语听说能力的提高绝非一朝一夕，一蹴而就的事，必须长期不间断地进行精听或者泛听训练和交际训练。因此，养成良好的听说习惯尤为必要。那么如何养成良好的英语听说习惯呢？可以从以下方面着手。

第一，课堂上尽可能地养成使用英语教学的习惯。

听说能力的培养和提高是目前英语教学的重要目的之一。听是信息输入的过程，说是信息输出的过程，学习语言首先要有足够的输入量，然后才能输出。通过视、听等手段广泛地获取英语语言信息，然后将这些信息理解和内化，通过长时间信息输出训练，才有可能形成良好的英语口语交际能力。良好的语言输出

“说”能够极大地激发学生学习英语的兴趣，促使学生主动、积极地进行更广泛的语言输入。学习发音、学习对话、学习任何形式的讲话都离不开听说。目前我国很大一部分地区的经济不是特别发达，甚至有些地方还较落后，缺少语言存在的背景及自然的英语环境，除课堂45分钟外，很少有机会大胆使用英语，要想提高听力和口语并非易事。所以教师应该尽量用英语授课，不用或少用本国语，利用好课堂45分钟对学生进行潜移默化的影响，在起始阶段，教师可借助实物、直观教具、手势、眼神、动作、语调，辅助解释所要表达的内容。让学生充分发挥自己的才能，多讲多练，最好选择一些英美人士的原声录音，让学生接触地道的英语。

第二，利用课前几分钟，养成“热身运动”的习惯。

多设计一些让学生有话可说的话题，使他们能够彼此交流，互相倾听，在探讨问题的过程中，实现听说能力的培养和提高。例如可以进行值日表演、对话、演讲或复述课文，并要求其他同学复述值日生所说的内容。学生通过每天的值日报告，既训练了口语，又提高了听力。

第三，利用边角料时间养成坚持训练的习惯。

指导学生在日常生活中，养成利用边角料时间练习的习惯，比如，早晨起床穿衣服的时间、洗漱的时间、吃早饭的时间、课间休息的时间、晚上睡前的十几分钟时间都可以利用各种能播放英语材料的设备，一边安排日常生活，一边留心听力材料内容，即使有些内容不是听得很明白，长期坚持也能起到积极的促进作用。日常生活中和学英语的人在一起时，尽量多用英语表达自己的意思，经常坚持就会收到意想不到的效果。

第四，帮助学生养成听英语新闻的习惯。

普通高中的学生虽然基础有些薄弱，但是在教师的指导下，进行必要的知识积累后，可以坚持听一些英语新闻，必要的话可以先了解新闻的内容，再听英语材料，经常坚持，就会有显著的效果。

2. 阅读能力培养策略

当代阅读认知理论认为，阅读是一种从印的或者写的语言符号中取得意义的心理过程。阅读也是一种基本的智力技能，它是由一系列的行为或过程构成的总和（《中国大百科全书·教育卷》，教育科学出版社，1989 年出版）。研究阅读理论是为了揭示阅读过程中读者的思维活动规律和心理活动特点，分析清楚影响阅读的诸因素，从而更有效地指导阅读教学。选择适当的阅读策略，不但能扩大学生的词汇量、丰富学生的语言知识，更有利于学生了解西方英语国家的文化。所以说，英语阅读策略是英语教学中值得探究的问题。

（1）动机激发策略

爱因斯坦说过“兴趣是最好的老师”。英语教学实践也反复证明，兴趣是学生积极开展英语学习的直接推动力，是学生进取向上的潜在力量。学生英语阅读兴趣的培养是英语阅读教学的关键环节，也是提高学生英语阅读能力的前提和基础。因此，教学中应有意识、有目的地培养学生对英语阅读的兴趣，使学生在阅读的同时也能得到愉快的情感体验。

一切兴趣来源于动机的驱动，动机是兴趣产生的前提和条件，如何培养学生的阅读动机，挖掘阅读教学中的一种隐性课程资源就显得十分必要。激发学生的阅读动机，是教师们在培养学生阅读能力时普遍关心的问题。要做到真正培养学生的阅读动机，首先要了解学生有哪些需要和动机，可以把他们的思想和行为指向学习。英语阅读教学更应该关注学生自身内部动机所能发挥的作用，应该强调激发学生进一步学习的动机的作用，让学生在动力中学习、在兴趣中收获。此外，教师对学生公正、合理、积极的评价以及学生间的赞许等因素也是学生产生学习动机的重要动机因素。如开展形式多样的英语课外阅读活动：唱英文歌曲、排演英文课本剧、英语朗读或快速阅读比赛等，让学生身临其境，潜移默化，增强参与意识。也可以选些英语比较地道、内容贴近学生生活的阅读材料，以增强学生的阅读兴趣。

（2）氛围感染策略

感染是每个个体在无压力的情况下，通过语言、动作、表情等方式引起的与别人相同的情绪和行为。普遍认为，感染有情绪感染和行为感染两种。所谓情绪感染就是所有参与者在态度、信念和价值取向等基本相同的情况下，被感染产生的促进个体间的模仿过程。英语阅读教学中注重调动班级群体或阅读群体的积极因素，产生群体阅读动机，自然会带动每个个体的积极的心理阅读指向；反过来，每个个体的积极阅读动机又会促进群体阅读动机的形成，这种相互作用的感染，是培养学生用英语阅读的行之有效的策略。

（3）习惯养成策略

习惯应该是人们的一种行为的养成和自觉，我国古代教育家孔子曾说："少成若天性，习惯如自然。"英国哲学家弗兰西斯·培根在《培根随笔》[①] 中曾指出，习惯真是一种顽强而巨大的力量，它可以主宰人生。因此，人自幼就应该通过完美的教育，去建立一种好的习惯。《现代汉语词典》中解释说：习惯是在长时期里逐渐养成的、一时不容易改变的行为、倾向或社会风尚。《心理学大词典》解释说：习惯是人在一定情境下自动化地去进行某种动作的需要或倾向。就个人而言，我更倾向于接受下面的说法：习惯是在长时期里逐渐养成的，一旦养成就不易改变；习惯一旦养成了，就变为自动化动作的需要了。因此也可以说，习惯是人在一定情境中所形成的相对稳定的、自动化的行为方式。

总而言之，养成良好的阅读习惯是在英语阅读教学中至关重要的方面。如果能让学生形成一种自动、稳定、良好的惯常阅读行为，自然会对英语阅读教学效果和学生英语阅读能力的提高都产生事半功倍的效果。所以，教师必须十分重视以下几种良好阅读习惯的培养。

①查资料的习惯

在平时材料阅读中，总要遇到不认识的单词或其他疑难问题，这时要指导学生运用词典、工具书来解决疑难，最好借助纸介质英语词典或相关资料，让学生经过查找的过程后自行解决。持之以恒，坚持一段时间，学生不但能积累丰富的知识，还能养成独立分析问题和解决问题的能力。

②朗读背诵的习惯

让学生充分利用每节英语课前 2 分钟大声有感情地朗读英语短文，从而产生朗读带来的语言美感的体验。"书读百遍，其义自见。"只有背得熟，才能理解得深，领会得透。正如胡春洞教授所述："大量背诵是通往真实交际的有效途径之一，是作为预备性的言语练习和巩固性的语言练习的重要形式来使用的。"朗读背诵英语中的精彩句子或精彩段落，有利于培养学生语音、语调、语感等。

① （英）弗兰西斯·培根．培根随笔 [M]. 徐朴，译．杭州：浙江文艺出版社，2021.

③默读的习惯

在学生阅读能力培养中，一个很有效的方法就是让学生养成无声阅读的习惯，通过视觉迅速感知文字符号，获得文字信息，迅速理解所表达的意义，避免嘴唇的蠕动或低声朗读，以免分散注意力，减慢阅读速度。每天早晨利用10分钟进行材料阅读题训练。采用限时阅读、快速阅读等方式，让学生在有限的时间内完成一定量的阅读，对提高阅读能力有很大的帮助。教师在抓好课文的前提下，要有计划、有选择地给学生补充阅读材料，文章体裁应多样化，如故事、科普、历史、地理、人物传记等，经常坚持；也可鼓励学生大量阅读各种简易读物，由易到难，循序渐进，只有阅读量够了，学生才能建立起语感，阅读才能上台阶。同时还要注意阅读质量。及时讲评也很重要，定期拿出好文章，对文章句子结构、用词、习语、词语搭配等进行必要讲解，实现扩充学生语言知识的目的。

④积累的习惯

鲁迅先生曾说“无论干什么事，如果继续搜集材料，积之十年，总可成一学者”。学习英语也要养成积累的好习惯，学生要建立“积累档案”，积累出现频率较高的词汇、短语、谚语、西方文化常识等。经常坚持，不仅学生的阅读能力和写作能力有所提高，而且整体英语水平也会有提高。

3. 转变写作能力培养策略

任何一种语言的交流主要是通过两种方式进行的，即口语和书面语。口语通过听、说、读来完成，而写是把语言用文字以有形的形式呈现出来的一种交流方式。口语交际固然重要，但文字表述也不容忽视。高中英语教学中，培养学生写作能力也是很重要的一个环节，值得广大一线教师认真钻研和思考。

（1）树立正确观念

写作是把人们的想法和行动以文字的形式呈现出来的过程，在英语学习进程中，写作既能帮助学生巩固基础知识，培养他们良好的逻辑思维、概括及分析判断能力，又能够激发学生们的想象力，培养他们的创新意识。而这些作用正与高中英语教学力求达到的目标相吻合。

写作是一个用语言进行发现的过程，是一个用语言探索我们的知识、对知识感受的过程，是一个用语言了解我们的世界、评判我们所了解的世界知识及交流我们所了解的世界知识的过程。正因为写作在语言学习过程中的特殊地位，高中英语教学中对于写作能力的培养越来越重视，高考对写作的重视程度也是很明显的，写作在高考英语试卷中所占比例很大。

（2）培养写作兴趣

兴趣是最好的老师，而带来兴趣的最直接因素就是动机的驱动。学习动机是取得学习效果的直接动力，学生的学习动机与学习效果有着密切的关系。学生的学习动机不是靠强迫就能产生出来的，而是靠教师的积极引导、鼓励、示范等方式激发出来的。要想激发学生的写作动机，使他们能够积极主动地投入学习，就要帮助他们找到写作的乐趣。首先，确保写作题材多样。写作题材的选取应尽可能提供给学生们感兴趣的话题，只有使他们感到有话可说，他们才会投入到写作中去。其次，在写作教学中要努力营造活跃的课堂气氛，争取做到寓学于乐，使学生们在巧妙设计的课堂中，在愉快的心境下，达到提高写作水平的目的。最后，教师还要对学生的进步及时给予肯定和鼓励。同时，在教学过程中要善于发现学生作品的闪光点，激发学生继续前进的动力。

（3）巩固基础知识

牢固的基础知识是英语写作的大前提。因此，教师应该重点强化词汇、句型和语法知识的教学。因为没有字、词、句式作为基础，学生是写不出好文章来的。教学中，重视对一些基础知识的积累而进行的大量记忆是必要的，但不能只会死记硬背，却不注意单词、短语、句式的具体用法。表面看起来他们也掌握了比较多的词汇、短语、句式，但时间长了就容易忘记或产生相似词之间的混淆，甚至出现错用的现象。所以，教师在讲解基础知识时，应该提供一定的例句，并适当介绍一些相关的文化背景，以加深学生们的记忆。同时，也可以传授学生一些记忆方法，如循环记忆法、联想法等。

（4）注重思维培养

每种语言都有每种语言自身已形成的表达习惯和思维特征，要写出地道的英语文章，就要培养学生用英语思维的习惯。首先，鼓励学生们阅读各种体裁的英语作品，必要时背诵一些经典的英语句子和篇章。在广泛阅读的基础上，仔细体会英语原作的选词、句式以及写作风格，帮助学生为表达出地道的英语做好储备。

其次，如果有可能的话，创造机会让学生们多看英文电影，多收听英文电台，学习英文歌曲等。学生们在接受了大量的英语输入之后，就能逐渐养成英语语感，最终达到用英语表达所见、所闻、所思和所想的目标。最后，指导学生尽量多了解英语语言国家的社会文化、风土人情等语言背景知识。

（5）采用灵活方法

传统的英语写作教学模式和教学方法单一，导致课堂气氛不够活跃，对学生来讲写作过程也显得被动、机械。这就要求教师在教学中要解放思想，善于学习，勇于尝试各种教学方法，以实现最有效的英语写作教学。例如，教师可以把传统的结果法与过程法相结合，再适当地引入体裁法、写长法、自由写作法等。

（6）加强写作练习

人们说熟能生巧，功到自然成，总之，有些事情做多了，自然就熟了。教师无论在课堂上还是在课下，都应该有意识地为培养学生的写作能力打基础，作铺垫，还要经常设计一些写作练习、生活有感或是现实记录。写什么都行，只要学生能抓住机会表达自己的思想、锻炼自己的写作能力就可以。如讲完人教版高中《英语》必修二 Unit 5 “Music” 一课，老师就让学生结合课文的相关知识，写一位你最喜欢的歌手、音乐家或作曲家，内容不限，自由表达。

总之，写作是一种综合能力的训练，它应贯穿于教学活动的全过程。要提高学生的英语写作能力，就要培养学生养成良好的学习习惯。英语书面表达能力的形成不是一日之功，必须从平时教学中一点一滴抓起，学生一点一滴积累，持之以恒，滴水穿石，才有可能最后解决英语书面表达的难题，写出准确、地道、规范的英语文章。只要我们教师在日常教学中能做到对症下药，在注重学生整体语言技能提高的同时，能够针对学生的特点，有针对性地对学生进行培养和训练，我们的英语写作教学一定会取得巨大的进步。

第二章　高中英语教学理论的创新

本章主要介绍高中英语教学的理论创新，主要包括四个方面的内容，分别是高中英语教学的基本理念和原则、高中英语教学面对的新形势、高中英语教学理论的新发展、高中英语教学的多学科融合。

第一节　高中英语教学的基本理念和原则

一、高中英语课程的基本理念

（一）高中英语的课程性质

语言是人类最重要的思维和交流工具，也是人们参与社会活动的重要条件。当今世界外国语已经成为世界各国公民必备的基本素养之一。因此，学习和掌握外语，特别是英语，具有重要意义。

高中英语课程是普通高中的一门主要课程。高中生学习外语，一方面可以促进心智、情感、态度与价值观的发展和综合人文素养的提高，另一方面掌握外语可以为学习国外先进的文化、科学技术和进行国际交往创造条件。开设英语课程有利于提高民族素质，有利于我国对外开放和国际交往，有利于增强我国的综合国力。

（二）高中英语课程的基本理念

1. 重视共同基础，构建发展平台

新课程标准展现了一个崭新的英语教学方向，那就是：“帮助学生打好语言基础，为他们今后升学、就业和终身学习创造条件，并使他们具备作为 21 世纪公民所应有的基本英语素养。”这样的英语定位充分显示，英语随着我国的对外开放在政治、经济、文化和社会发展中的地位已经上升到一个不容忽视的高度，成为直接关系到人生事业前途的大事。实际上，新的英语教学方向既顺应了时代潮流和人的自我发展需求，也为未来社会发展中的英语教育确立了一个积极的、以关注人生及成就人生为主导的人文教育方向。

2. 提供多种选择，适应个性需求

新课程要满足不同学生的发展需求，力求高中英语科目多样化，具有选择性，有利于学生个性和潜能的发展。如果将这个理念落实到英语课程设计之中，那么，不仅英语科目要多样化，而且内容也要宽口径，只有这样才能符合我国众多学生的发展方向和个性要求。多样化、宽口径的科目理念反映了基础教育面对经济类型多元化、文化多元化、社会职业多样化的社会现实必须进行的自我调整与改革。

3. 优化学习方式，提高自主学习能力

“优化学习方式”就是使学习方式尽可能完善，从而产生最佳效率，而一个完美的或高效的学习方式有赖于学生的自主学习，以达到自我调节和自我完善之目标。培养自主学习能力的过程就是进行自主学习的过程，也是引导学生培养积极主动的学习方法，以形成各自有效的学习策略的过程。

4. 关注学生情感，提高人文素养

人文素养包括与人沟通合作的能力，跨文化理解和跨文化交际的能力，正确的人生观、世界观、价值观和社会责任感等。其中，增进跨文化理解和跨文化交际的意识和能力，对于国内的英语教学来说尤为重要。

跨文化交际意识指了解不同民族或不同种族、不同国家之间在文化系统的各个层面，如政治体系、价值观念体系、语言系统等方面存在着某些共同点和巨大差异的意识，了解与异文化群体交际时要采取文化容忍或文化适应的态度、认可文化多元论、克服民族文化中心论、保持和弘扬良好的民族文化传统的意识。

跨文化交际能力指可以运用恰当的交往规则、语用规则与异文化群体成功地进行交际，以及能够正确地理解异文化群体所使用的语言的能力。

培养跨文化交际的意识和能力，就是要在语言教学中贯穿西方社会的交往规则、语用规则、英语不同层面（如词汇、语篇、句法、言语行为等）中的文化蕴涵，并且要经常进行中西文化的对比与比较，更重要的是，要教育学生辩证地看待不同文化之间的差异。然而，由于文化的共性与差异在理解和交际中的体现复杂而又普遍，因此语用迁移造成的语用失误经常使学生在真实环境中运用英语进行交流的交际效果大打折扣。如何传授西方社会的交往规则、语用规则、英语不同层面中的文化蕴涵，是英语教师急需解决的重要问题；另一方面，西方文化零零散散随着英语学习的普及而渗透到我们生活的方方面面，在英语教学中引导学生在有限的生活范围内全面地、客观地认识西方文化，正确地对待民族文化，正确地看待全球一体化，都是很有必要的。

5. 完善评价体系，促进学生不断发展

新的评价体系应该是多元化的，“有利于促进学生的全面发展，有助于学生监控、调整自己的学习目标和学习策略，有助于增强学习信心”。值得提倡的是“形成性评价和终结性评价相结合的方式，着重评价综合语言运用能力以及在学习过程中表现出的情感、态度和价值观”。对教师而言，形成性评价指在课程展开过程中向课程设计者提供信息以改进课程的评价，也用于大纲设计、教材和语言教学项目进行中的课程评价；而终结性评价则指在课程结束后向课程制定者提供关于课程是否有效或成功与否的评价。对学生而言，形成性测试指教学过程中进行的测试，其结果可使教师和学生了解学习进展，只包括所教授的内容，可揭示学生是否需要加大学习量或投入更多的精力，通常以及格或不及格表示，如果不及格，学生需要加量学习和重新参加考试；而终结性测试是在课程结束后进行，用于衡量或总结学生从课程中学到多少东西，一般以等级考试的形式出现，根据量表或等级表评分。

新课标实行的是“形成性评价和终结性评价相结合的”评价体系，“英语水平等级测试与年级没有直接的对应关系，学生可以在高中阶段逐级申请参加七级至九级之间各级别的考试”。这种评价系统的测评结果，既可以向英语课程设计者或主管部门反馈课程进展情况，又可以让学生、教师了解学习状况，从而对学习状况进行调整，同时还可使不同的学生追求不同的学习目标，以增加学生的成就感。这种评价系统不仅适合于个性化的学习需求，而且可以激励学业优等生的自主学习积极性。

二、高中英语教学的原则

（一）建构主义原则

建构主义是认知心理学理论的一个分支，最早是由瑞士心理学家皮亚杰于20世纪60年代在研究儿童认知发展的基础上提出来的。建构主义认为，学习是学习者主动建构知识的意义过程，人的认知结构即图式是通过同化与顺应两个基本过程逐步建构个人意义，逐步建构起外部世界的知识，从而使自身认识结构得以转换与发展。所谓同化，是指学习者将外在信息纳入已有的知识结构，以丰富和加强已有的思维倾向和行为模式。顺应是指学习者原有的认知结构与新的外在信息相互作用，引发原有认知结构的调整和改变，从而构建新的认知结构。

1. 建构主义学习理论

建构主义强调人类知识的主观性，认为人类知识是对客观世界的一种解释、一种假设，并不是对现实准确的表征，不是最终的答案。而建构主义的学习犹如真理的产生与发展一样，不仅强调学习的建构性，也强调学习的社会性与情境性。首先，学生的学习不是简单的信息积累，而是通过同化与顺应的建构过程。学习过程就是一个同化、顺应、再同化、再顺应，循环往复的过程。其次，学生学习的书本知识是以一定的社会现实为依据的。学生的学习便是在现实中发现问题、提出质疑、解决问题的过程，是锻炼创造性思维的过程。再次，学生应在具体的情境中学习，学习知识在情境中的复杂变化，锻炼知识的运用能力，突出学习的有效性即价值。

与传统理论相比，建构主义对教师和学生在教学过程中的地位和作用提出了不同看法。建构主义认为，学生应该是知识意义的主动建构者，而非外部刺激的被动接受者；教师应该是学生主动建构知识意义的帮助者，而非知识的灌输者；教材知识应该是学生主动建构意义的对象，而非教师传授的内容；教学媒体应该是学生主动学习、协作式探索的认知工具，而非仅仅只是帮助教师传授知识的手段。这就意味着在教学过程中，教师应当彻底摒弃以教师为中心、单纯强调知识传授的传统教学模式，采用以学生的“学”为中心的教学设计，充分利用教学媒体，为学生知识的主动建构创设有意义的情景。

2. 建构主义英语教学原则

从以上对建构主义学习理论的简略介绍中可以看出，建构主义的教学原则最为核心的理念是：教学要以学生为中心，教学任务的设计要顾及情景和学生的情感，教学中的任务是师生互动的枢纽。建构主义学习环境包括情景、协作、会话和意义建构四大要素，这些要素和原则与语言教学中要求学生由外部刺激的被动接受者和知识的灌输对象转变为信息加工的主体、知识意义的主动建构者，通过不同情境的模拟鼓励学生多说多写多练，进行会话协作交流，达成语言应用的目的。这种以学生为中心的教学设计原则鼓励学生自主学习和积极使用，帮助学生建构语用意义，进行语言实践，这对于语言教学有极大的适应性和指导性，并且与语言教学的原则完全一致。

（1）以学生为中心的教学原则

语言的不确定性和广博性表现在语言涉及的语言因素和非语言因素的范围之广和语言交际中多种矛盾的多样化体现，教学内容的丰富性、语言意义的模糊性、认知关联的层次性和评判标准的多样性等等无一不决定了英语教学中学生的中心地位和自主学习的必要性和重要性。英语是一种语言表达行为，是与大脑机制密切联系的推理过程，它不仅涉及语码，更重要的是根据动态的语境进行动态的推理关联进行表达，而推理所依据的就是关联性。因此，在高中英语教学中，如何帮助学生通过最小的努力建立最大程度的关联，如何帮助学生在学习中由外部刺激的被动接受者和知识的灌输对象转变为信息加工的主体.知识意义的主动建构者，并进行有效的成功的语言交际与英语活动，就成了英语教学中的重点。

根据建构主义学习原则，在教学中我们需要首先确立以学生为中心的教学原则，教学设计不是从分析教学目标开始，而是从如何创设有利于学生意义建构的情境开始，整个教学设计过程紧紧围绕“意义建构”这个中心而展开。王树槐指出，提高学生语言能力的主要途径有：①培养学生的语言感受能力。比如，在讲授某一课文时，教师可以向学生推荐其中一些语言表达，并要求他们背诵，或推荐某些适合的经典电影（如《音乐之声》之类的），也可以让他们通过 Internet 或其他印刷材料来构建自己的语料库，让他们感受名作、范文的遣词、造句、谋篇，并定期、不定期地对学生访谈，检查他们阅读后的感受和收获。②教师批改学生的英语写作时要点明并表扬学生的文章精彩之处，对语言能力取得进步的学生要及时肯定。③开设适量的文学欣赏和翻译课，让学生互相交流，并总结心得体会。④让学生进行小组合作练习，或在教师的主导下，把某些练习让学生相互批改，让学生从同伴中汲取语言素养。通过这样的一些手段，可以帮助学生把语言能力变为语言应用行为，改变过去会读不会说的“哑巴英语”的状况。

（2）对知识意义的积极建构

由于学习者与周围环境的交互作用对知识意义的建构起着非常重要的作用，为了支持学习者的主动探索和完成意义建构，在学习过程中要为学习者提供各种信息资源（包括各种类型的教学媒体和教学资料）。利用这些媒体和资料并非用于辅助教师的讲解和演示，而是用于支持学生的自主学习和协作式探索。在建构主义教学设计中，媒体所呈现的应该是有关信息资源如何获取、从哪里获取，以及如何有效地加以利用等等能帮助学生主动探索的问题。在教学实践中，尽管从高一开始学生就面临高考应试的压力，但是只有学生把对英语的学习从外在需求转化为自己的兴趣和内在动机，英语学习才会取得更好的效果。因此。学生往往需要一定的指导去学会如何自主获得相关信息资源。如何利用工具书、网络等手段来进行主动探索学习。掌握自主分析问题和解决问题的能力。因此，在这种教学环境下，教师往往不可能仅仅作为传统教学中的知识传授者，满足于单纯的灌输知识，而必须培养学生独立思考、自主分析解决问题的能力。学生可以在教师的组织和引导下，一起讨论和交流，共同建立起学习群体并成为其中的一员。通过这样的协作学习环境，学习者群体（包括教师和每位学生）的思维与智慧就可以被整个群体所共享，即整个学习群体共同完成对所学知识的意义建构，而不是其中的某一位或某几位学生完成意义建构。因此，教师结合学生的实践，在教学中针对典型个案，可以有效解决英语教学中出现的各种问题，使学生不仅英语水平很快得到提高，而且加深了对语言文化的认识。

（3）自我评价与自主学习

在这样的学习环境中，学生的自我反思与自我评价也可以起到相当重要的作用。现代教育理论认为：“学生的学习活动不仅仅是对所学材料的识别加工和理解过程，而且也是对该过程进行积极监控调节的元认知过程。”所谓元认知，“是关于个人自己对认知过程的知识和调节这些过程的能力，对思维和学习活动的认识和控制”。它是人对自己的了解，对自己认知过程的反思，对学习过程的监控。因此，教师应有意识地加强对学生的元认知的培养和训练，有针对性地指导学生不断解剖自己，认清自己的特点、能力、兴趣，制订学习计划，选择学习策略，指导学生检查分析自己的学习过程，形成自我调控、自我管理、自我修正的能力，从而不断提高自己的自主学习能力和自我发展能力。

在教学中，教师需要根据不同的教学环境设计，组织学生分组进行自我评价、同组评价、他人评价，并结合教师的评价形成多角度的评价体系。这样，往往可以激发学生对自我认知过程的反思，形成对学习过程的自我监控、自我协调和自我修正的能力。笔者的教学实践也证明，学生对这一评价体系比较认可，能够调动学生的主动性，使学生可以积极参与学习过程，而不是被动学习。

（二）生本原则

生本教育是以“一切为了学生. 高度尊重学生。全面依靠学生”为宗旨的教育，是真正做到以学生为学习的主人，为学生好学而设计的教育。新一轮课程改革强调课堂教学必须立足于学生的全面发展和终身发展。传统的英语教学偏重英语知识的传授而忽视学生的学习过程。这就要求我们及时变革传统的“知识本位”的教学理念。努力创设贴近现实生活，切合学生实际。注重能力培养的全新英语教学。在教学中着眼于提高学习兴趣，培养创新思维。为学生的可持续性发展打 好坚实的基础，这就是新课程生本教育的理念。在英语教学中要树立好“生本教育”的教育理念，就要注意抓好以下几个方面的工作。

1. 改变教学观念

把课堂还给学生。一切知识和技能，归根到底是由学生学会的，如果他不愿意，老师便什么也不能给他；如果他不学，老师便什么也教不会他，一切学习任务必须由学生自己去完成。一切目标必须由学生自己去实现，任何人都无法替代。这是生本教育的教育理念。自新一轮课程改革实验以来，新理念、新思想、新方法等已渗入英语课堂教学，英语教师的教育观、课程观、教学观、学生观等发生了深刻变化。把教学转到促进学生全面发展上，转到师生之间、生生之间的合作学习、自主探究学习上，充分调动学生的学习积极性，培养学生独立的人格意识、健康心理、创造才能，使其品尝学习英语的乐趣。

把课堂还给学生，要求教师及时转换自己的角色，使教师的角色从“圣人”的地位转向“向导”的作用。教师在整个学习过程中起设计、组织、观察、点拨的作用。学生是学习的主体，学生不再是知识的被动的接收者，而是自主学习的探索者。传统的灌输式的知识传授教学模式，让有些学生在学懂老师所授知识后就不再去自主摸索其中的奥秘，也很少对“权威”质疑，更不会展开发散性思维，去尝试诸如一题多解等思路的拓展，一味地只是在老师讲解自己吸收，教师再讲解自己再吸收的圈子里面打转。表面知识是学到了，可是学生的学习兴趣却在慢慢地递减，创新能力日益萎缩。这样既达不到教学所要的效果，更谈不上着眼于学生未来发展的需要。

英语课堂上的生本教育还要求培养学生的动手能力，苏霍姆林斯基曾经指出：“有许多聪明的、天赋很好的学生，只有当他的手和手指尖接触到创造性劳动的时候，他们对知识的兴趣才能觉醒起来。”英语是一门语言学科，要真正提高学生的英语学习兴趣，提高课堂教学效率，就要让学生通过语言的互动，使抽象的英语概念与生活实例联系起来，变抽象为形象，进一步激发学生的探究欲望，使学生更好地投入到高中英语的学习中去

2. 不要忽略教师的“引导”

“生本教育”强调把课堂还给学生，但并不意味着在课堂教学中不要老师的及时引导。如果是学生首次接受概念或原理，抑或该知识点难度较大，他们不知道应该从哪些方面来学习。在学生没有学习经验、教师又不给予任何引导或暗示的情况下，这种教学必然导致学生的学习茫然和低效。这时就需要教师进一步引导学生去探究、去创新。整个教学环节让学生积极参与、交流、动脑、动口，探究性学习知识。实践证明，这样激发了学生学习兴趣，改变了过去教师乏味地授课，学生被动地学习，让课堂充满生气，学生充满活力，教育效果明显得到提高。教学过程是学生自主建构与教师价值引导相统一的过程。教师的正确引导是保证学生学习有效的重要前提。课堂教学是一个多变量的动态系统，其间经常会有意想不到的事情发生，这就对教师的引导提出了更高的要求。当学生遇到疑难时，教师要引导

他们去想；当学生的思路狭窄时，教师要启发他们拓宽思路；当学生误入迷途时，教师要把他们引上正路；当学生百思不得其解时，教师的适时引导会使学生的思路豁然开朗。从这一意义上来说，引导展现的不仅是教师的教学能力，更是教学智慧。当教师的引导具有了智慧的技巧时，课堂教学将显得张弛有度、意趣盎然。

3. 关爱学生，及时给予鼓励

每位学生都是鲜活的个体，有着自己的性格，有着自己的情绪，教师只有按照学生身心发展的规律进行教育教学，才能事半功倍。以往的教学，我们往往重认知轻情感，重教书轻育人，这都极大地束缚了学生的成长与发展。钱梦龙老师说：教师只有始终怀着一颗“赤子之心”，才能以自己的心去发现学生的心。爱学生就要对学生一视同仁。教师的社会角色本身，决定了学生对老师的期望很高，他们看重老师对自己的态度，他们都希望得到老师的关爱。作为一名教师既要爱优生，也要爱差生，更要爱那些急需关怀教育的学生。对聪明勤奋的倾注满腔热情，对迟钝、调皮的耐心培育，以深沉的关爱来激发他们的学习热情，关注每一个学生，特别是那些学困生，转化他们是一项艰苦、细致的工作。对待学困生要有热心、有耐心，爱护他们的自尊心，激励他们的上进心。有的学生厌学是因为我们教师没有改正自己的教育观念和习以为常的教学方式和教学行为，同时自己不能做到以身作则，对学生的爱心不够，不能真正地走进学生的心灵世界与学生建立和谐融洽的师生关系所造成的，所以教师要用爱心去关心他们、帮助他们，树立学习的自信心。教师应该努力去寻找闪光点，多表扬，少批评，让学生感受到自身的价值，调动他们探求知识的动力。不吝啬对学生的赞美，及时肯定学生。高中新课程的宗旨是着眼于学生的发展，高中英语教学要体现生本教育的理念，把课堂还给学生；唤起学生的主体意识，让每一位学生主动参与教学全过程。通过学生的积极参与来实现课堂教学效率的优化。因此，在发挥教师主导作用的同时，必须充分注意学生行为的变化，体现学生主体的地位，这样才能增强英语课堂教学效果，提高教学质量。

（三）礼貌原则

英国学者 Brown 和 Levinson（1978）通过实验证明，为了保持交际双方的良好社会关系，使交际在和平友好的气氛中进行，顺利地实现交际，就需要给对方留面子，即要使用礼貌语言。这就是面子理论。英国语言学家Leech对Brown和Levinson的礼貌原则做了进一步的归纳和分类，总结出了如下礼貌原则。

（1）得体准则：尽力缩小对方的损失，尽力扩大对方的好处。

（2）慷慨准则：尽力缩小自己的好处，尽力扩大自己的损失。

（3）赞扬准则：尽力缩小对对方的诋毁，尽力扩大对对方的赞扬。

（4）谦虚准则：尽力缩小对自己的赞扬，尽力扩大对自己的诋毁。

（5）赞同准则：尽力缩小与对方的分歧，尽力夸大自身和他人之间的一致。

（6）同情准则：尽力缩小对对方的厌烦，尽力扩大对对方的同情和好感。

1. 课堂用语得体

在教学中，坚持得体原则。课堂是学生学习的最主要的阵地，教师不仅能够传道授业解惑，还要能够“授之以渔”。那么如何才能将教学效果最优化呢？在此过程中，教师如果能够恰当地使用一些礼貌交际策略，必然会增进与学生的感情，使课堂气氛融洽舒适。在传统的英语教学中，教师占据着课堂主导者的地位，在教学活动中大多数扮演的是一位命令发布者的角色。比如，习惯使用“Turn to Page…”或是“Action right now”，再或者是直接喊某某同学来回答某某小题等，从而使学生产生一种被动、从众的心理。

但是，换一种教学策略便可以有效引导学生积极主动参与到课堂互动中来，激发学生进行深层次思考。教师用语是否得体，直接影响到学习者的学习兴趣和学习效果。此外，在教学过程中尽量少用命令式的祈使句或是语气比较生硬的语句。试比较这几个课堂用语：“Are you clear？”与“Did I express myself clearly？”；“Give us the answer.”与“Would you mind having a try？”显然，后面的两个更礼貌，更照顾到学生的面子，更容易被学生接受。再如，在评价学生回答问题时，试比较“You are wrong.”与“Thank you，if you are more careful，you will be better.”显然，后者不但起到婉转地批评了学生的作用，而且还会激发他的学习动力。同时，在课堂上，面对学生突如其来与上课内容无关的话题，老师的反应如果是大发雷霆，如“Shut up!”“Listen to me carefully!”或是对其采取严厉的制裁措施，会大大挫伤学生学习的主动性。而如果换一种表达方式，如“Will you please do a further research？ And we believe you will give us a wonderful performance on the topic.”这样的语句，不仅巧妙地化解了一场尴尬，在照顾到那位同学的面子的同时又给他布置了一项任务，没有挫伤其学习主动性，反而极大地促使他进一步学习。

2. 赞誉适时有据

古希腊哲学家德谟克利特说过：“用激励和说服的语言来造就一个人的品质，显然比用法律约束更能成功。”教学实验已经证明，经常得到赞扬的学生比从来没有受到赞扬的学生会取得更大的进步。教师在课堂上对学生的表扬是对学生表现的一种积极的肯定，让学生感觉到有理有据的赞誉，可以强化学生的学习动机，从而推动其学习。

3. 感情共鸣

礼貌原则的另一层含义告诉我们，在处理问题时，应做到推己及人，站在对方的立场上审时度势，达到感情的共鸣，从而达到交际的效果。在教学活动中也是如此。如学生在背书的过程中处于紧张状态，无法流利背书的时候，教师可以鼓励他：“不要紧张，老师相信，如果你不紧张的话，会背得很流利的。”再比如说，在问及“is known”是什么语态时，有位同学自信地回答：“现在时。”此时，如果老师对这位同学的表现加以否定的话，估计下一次他再也不会那么大胆地去回答问题了，甚至会产生逆反心理，因为他不认为自己说错了。而如果教师站在那位同学的角度这样说：“这位同学的确在思考，从时态的角度来说，是正确的。那如果从语态的角度呢？再思考一下，怎么样？”这不仅提醒了这位同学他的回答有问题，而且照顾到他的面子，让他意识到原来自己回答错了，从而进行下一步思考。教师以一种宽容的心态去对待每一位学生，使学生最大限度地保留自尊，从而树立学习的信心。在对学生的行为给予评价的时候，要做到既能抓住学生的错误，又能不伤害学生学习的信心以及勇气。抱着宽容的心态去理解学生，师生之间的感情自然而然地便会增进许多。同时，委婉含蓄地旁敲侧击也能对学生更进一步的学习起到一种正面引导的作用，从而达到以教促学的效果。

（四）近体原则

目前，随着素质教育不断推行，教与学之间的差异逐渐在缩小，为了进一步在有限的时间内提高英语教学的效果，近体原则也在被逐步地运用于高中英语教学。近体原则通常分为时间近体原则、空间近体原则、心理近体原则以及活动近体原则。英语教学中引用“近体原则”是指在整个教学的过程中，尽量地缩小教与学之间的差异，缩小时间、空间、心理和情感等方面的差异，提高课堂教学的效率。具体表现为教师针对学生不同的心理状况、知识水平基础，仔细分析教材，并对教材所讲述的知识进行创造性处理，从而激发学生们对高中英语知识学习的积极性、主动性以及创造性，提高课堂的教学效率。

1. 时间近体原则在高中英语教学中的应用

在进行高中英语教学中，由于课本中存在一些知识内容较为陈旧，与我们所处的时代环境脱节，导致许多学生对课本知识感到困惑，使得学生们心里抵触英语知识。为了解决这一问题，教师们应采用更多的方法去涉猎新知识、新资料、新信息等，及时了解国内外新闻，通过梳理新材料将各种琐碎的知识进行梳理并使之与课堂教学相结合，根据学生们的需要来传授英语知识。采用此种教学方式不仅让学生们在课堂上以积极主动的学习态度进行学习，还可以使学生们的知识面更加宽广，这有利于提高学生们分析问题解决问题的能力。

例如，在教学人教版高中《英语》必修三 Unit 1 “Festivals around the world”这一章节时，教师们可以采用时间近体原则向学生们提出这样一个话题：“Do you know what the traditional festivals are in our country，celebrated on that day ？ What traditional festivals are held in the world on that day ？ ”当教师提出问题后，可以让学生们运用英语自主讨论，这样不但可以使得全班学生都可以有效地参与其中，而且增加了课堂教学的积极性、互动性，活跃了课堂的气氛。当学生们总结归纳出了最后的结果后，这时可以再提出“Do you know the origin of these traditional festivals ？ ”这一问题的提出又可以再一次让学生们开放思维，进行探讨，在课堂教学中不断地引导学生们培养自己的创造性思维，为课堂教学建立一种积极自由的氛围。

2. 空间近体原则在高中英语教学中的应用

在进行课本知识的学习中，由于教材的局限性，所以学生们不可能对教材中所有的知识都比较熟悉。由于空间距离的限制，在教学中的感知力差，教材内容不够简洁直观，使得学生不能够感同身受，但是教师可以以书本中所描述的内容为基础，尽量去搜集相关的例子，不断去发掘学生们愿意接触的相关内容。例如，在进行人教版高中《英语》必修四 Unit 2 “A pioneer for all people” 的教学中，教师可以在授课引导中提出“Do you know Yuan Longping？”让学生们用英语去探讨关于袁隆平先生是谁，所做的工作有哪些？当得到汇总的结果后，教师们可以通过课前搜集的资料更加仔细地介绍关于袁隆平先生为中国的农业发展做出了哪些贡献。当这些内容陈述完后，学生们的崇敬之情油然而生，兴趣以及豪情都被激起。如果教师可以及时在学生们情绪高昂注意力集中的时候，向学生们讲述关于一代农业伟人的事迹，必然可以帮助学生们缩短书本知识与社会现实中的空间距离。

3. 心理近体原则在高中英语教学中的应用

在课堂教学中，教师与学生之间的关系是建立英语交流学习场景的重中之重，良好活跃的课堂氛围十分有利于课堂教学效率的提升。优秀的教师在课堂授课中可以轻易地活跃课堂教学气氛，轻松调动学生学习的兴趣，让学生们能够积极主动地参与教学活动，不断地展现自我。他们对待学生就像对待朋友一样，愿意和学生们沟通交流生活中以及学习上的乐趣与困难，并且一起解决问题。老师和学生们在人格上是平等的，活跃课堂氛围能让学生们放下戒心不再害怕教师，能够大胆展示自己的想法和能力。在社会生活中，教师扮演着十分重要的角色，他不仅仅传授知识，更可以帮学生们树立正确的人生导向。

4. 活动近体原则在高中英语教学中的应用

高中英语知识学习的目的不仅仅是面对高考，而且需要将英语知识和我们日常的生活所联系起来，才能够使得英语的学习走得更远更深刻。因此，在课余时间，教师们可以带领学生们走出校园，鼓励学生们参与各种活动，将枯燥的高中英语学习变成实践经验融入学生的日常生活中。

例如，在人教版高中《英语》选择性必修一 Unit 4“Body language”的学习中，教师可以联系日常生活，通过英语去解释各种身体语言所代表的各种意义。在进行教学时，教师可以做些简单的身体动作，然后提出相关问题“Can you tell me what the body language is that I’m doing？”来让学生讨论回答这个行为代表了什么样的意思。“How to use body language to whisper？”询问学生如何利用身体语言表示“小声讲话”。

在课堂教学中引入活动近体原则时，学生需在活动中占据主体地位。参与度的高低是课堂活动效率的重要表现，高中英语教师在设计活动时需要注意所设计话题需要密切围绕学生来进行，以拉近书本内容和学生之间的距离，让学生们真正地体会到知识是需要联系实际的，这样才能够充分调动学生们参与活动的积极性。

总之，在高中英语教学中，教师要大胆地在课堂上引入“近体原则”，鼓励学生积极参与，充分调动学生的学习主动性与积极性。学生参与课堂教学的程度越高、参与范围越广，教师在英语课堂教学的效果就越好，而高中英语教学中问题的选择与设计是否得当，是影响和制约学生参与课堂教学态度的关键所在，要使学生积极主动地参与课堂教学，教师应在引入近体原则的教学中，使所选择的问题与思维方式无论在时间、空间、心灵、活动等方面，都能尽可能地贴近学生实际，让学生自由地参与，使得课堂教学效率更高。

第二节　高中英语教学面对的新形势

我国高中教育在时代的大浪潮中不断地改革和发展，教育制度发生了根本变化，这一变化也引发了我国高中教育环境的巨大改变，最明显的变化就是对教师的需求量更大。社会对于教育的重视程度逐渐加深，尤其是英语科目。这极大地刺激着我国高中英语教育的发展，也对我们从事英语教育事业的一线教师提出了新的挑战，需要我们积极探索新的、适合新时代的教育策略，灵活多变地发展高中英语教学。

一、新的教育形势

（一）新时代的教育形式给高中英语教学带来的新挑战

我国各省的教育制度随着经济和社会发展不断地变化，相对发达地区的教育更容易出现前所未有的问题，相对欠发达地区的教育就可以参考发达地区进行改革。这在一定程度上讲，教育出现的挑战是相同的。

1. 英语教师的需求量变化

很多省份的高中教育实行课程改革之后，教师的需求量也发生了很大的变化，出现了教师资源不足的现象，这主要是如今为了提高课堂教学的质量，保证每一个学生的课堂效率，我们大多采用小班教学制度所致。这一制度需要更多的英语教师进行授课，很多学校英语教师每天为了能够满足教学要求，需要在不同的班级进行授课，这极大地透支了教师的精力和教育积极性。

2. 教育经费不足

高中教育不同于义务教育阶段，部分教学经费还需要通过学校的经营管理来获取，但是如今的教育又提倡小班制教学，这严重地影响了高中学校招生人数，也就减少了学校一部分收入。再加上如今许多私立高中学校的兴起，严重地分流了学生资源，而小班教学又增加了教师数量，随之而来的教师工资费用也不断提高，学校收支严重失衡，从而导致了教师福利待遇相对较低，教育积极性不高。

3. 设备资源的短缺

很多学校在实现小班教学制度之后，教室出现了严重的短缺问题，而很多校舍的建设工作在如今寸土寸金的地方十分难开展，教育资金和经费的严重不足又使得无法在短期内增加教师数量。

还有一个难以解决的问题就是教室内配套的多媒体设备的老化和不足。在实际的英语教学课堂中，越来越依赖于多媒体等设备。这不仅能够节约课堂时间，还能够将很多知识通过可视化的多媒体设备等展示出来，以增强学生的理解，提高课堂的效率，尤其是针对英语口语、听力等方面的教学，离不开多媒体设备的帮助。

4. 教学模式依然传统落后

新课程改革在我国已经实施了多年，各种新型教学模式层出不穷。但是，受到传统应试教育理念的影响，尤其是在高考的重压之下，很多高中英语教师的课堂教学模式依然是以传统的应试教育为主，在课堂教学中，教师主要采取满堂灌、题海战术式的课堂教学方式，以提高学生考试成绩。各种合作学习、探究学习及学生自主能力的培养方式基本没有实行，课堂教学中，课堂教学气氛沉闷、无趣，教师和学生之间缺乏良好的沟通和交流，学生在单调的听课和记笔记、做题过程中逐渐对英语学习失去兴趣，最终影响高中英语课堂教学的改革和推进，也严重影响学生的学习效率。

5. 课堂教学创新流于形式

对于教师的课堂教学来讲，创新的教学应当立足于课堂教学的现状、学生的实际情况，但是，在实际的课堂教学中，很多教师的英语教学创新往往是空穴来风。教师只是为了创新而创新，对创新的模式和手段不甚了解，过分追求一些形式化的东西，致使课堂教学缺乏纪律约束。学生在课堂教学中，由于缺乏教师有效的指导，使得对教学的内容、教学目的都不够了解，最终影响学生学习的效果，也不利于提高学生的知识储备和学习效率。

6. 缺乏对知识拓展

对于高中英语的课堂教学来讲，教师的教学应当立足于新教材，然后进行适当的拓展和创新。但是，在实际的课堂教学中，部分教师只是按部就班地对书本上的知识进行讲解，不能以知识点为中心，进行适当的拓展和创新，从而使得教师的教学面狭隘，教学资源单一，和新形势下不断发展变化的社会环境不相适应，同时不利于学生不断发展变化的个性化需求，也不利于拓展学生的知识能力。

（二）出现问题的应对策略和探索

1. 推动学校课程改革

在新时代背景下，我们要仔细研究国家和省市针对高中教育的改革，然后根据这些内容和英语科目的特点，提出适合本学校发展的课程设置。我们要能够根据自身特点，制定出一套符合我们学校现状和发展的课程制度，要在兼顾校舍容量、教师数量等诸多因素的同时，找到自身在改革的大浪潮中适宜的发展方式，帮助学校更好地发展。如今适用性较强、能够提高教师资源利用的教学制度有“两短一长”三学段制。这一制度通过对课程重新设置，把每个学年分为三个学段，而不是原先的直接按照寒暑假分为两个学期，每个学段可以有更多的时间安排，各学段过渡期安排为学生放假时间，这样能够更好地安排课程。这是我们在新时期的一种探索。

2. 利用新媒体，提高教师资源的利用率

如今新媒体技术的不断进步和发展，已经逐渐渗透到了教育行业，很多教育机构都在通过视频课的形式，把知识传授给莘莘学子。作为学校，也应该积极引进多媒体技术，让教师通过多媒体进行授课，这样能够提高课堂的容量。应用多媒体技术进行授课的同时，我们还要注意自身版权的保护，尽量保护视频授课的版权完整。我们要想在教育中合理地利用多媒体技术，就必须不断地对新媒体技术进行探索，而且这一系列的工作需要我们在现有教育制度允许的范围内进行，不能因为某种因素打破学校的教育规定，使得教育环境遭到破坏，造成不良的社会影响。

3. 不断强化高中英语教师的综合素质培养

对于高中英语的课堂教学来讲，教师在整个课堂教学中处于主导地位，决定整个课堂教学的内容、模式和手段，教师综合素质的高低直接决定整个课堂教学的效果强弱。因此，在高中英语课堂教学中，要想彻底解决当前高中英语课堂教学存在的各种问题，首先需要从根本上提高教师的综合素质，只有教师的综合素质提高了，在教学理念、教学模式的选择上有所创新，才能从根本上解决当前教师课堂教学效率低下的问题。所以，高中英语教师首先需要通过自我学习，以不断提升自己的专业素质和综合素质；此外，学校在业余时间，应当加大对英语教师的专业化培养，在提高教师专业素养的过程中促进教师综合素质的提升，为高中英语课堂教学改革奠定基础。

4. 进行有效的教学反思

教学反思在教师的课堂教学中扮演着重要作用。在高中英语课堂教学中，有效的教学反思是促进教师及时发现问题并解决问题的重要环节。因此，在高中英语教学中，教师只有进行及时的教学反思，对自己的课堂教学进行总结，才能够发现自己课堂教学存在的问题。例如，教师在课堂教学中通过教学反思，可以及时发现在课堂教学中，教学内容的选择是否符合学生的兴趣爱好，教学模式和教学手段的选择是否有利于学生的个性化发展。总之，教师的一切教学都应当以学生为基础，方能促进课堂教学效率的提升。教学反思的过程，可以分为课前反思、课中反思和课后反思，无论是哪个环节的教学反思，都是为了让教师及时发现自己课堂教学中存在的问题和不足，促进教师教学的改革和推进。

5. 重视教学评价

在课堂教学中，科学合理的教学评价机制具有较强的激励作用。从管理学角度讲，激励在人才队伍的管理过程中不可或缺。因此，要想实现高中英语课堂教学的改革和推进，科学合理的教学评价制度尤其重要。在评价机制上，学校不能将学生的考试成绩作为衡量教师教学效果的唯一依据，更不能将其作为对教师进行奖惩的依据，而应当采取多样化的评价方式衡量教师的教学效果。在这一过程中，学校的评价机制要开始注重学生人格方面的一些东西，如学生的世界观和价值观，学生的综合素质等，当学校的评价方式开始多元化以后，教师的教学也会开始多元化发展，并形成高效的高中英语课堂教学。

二、在新形势下如何开展高中英语的教学活动

为了让整个教学的进度跟上时代的脚步，新课改在前几年被推行，为高中英语的教学提供了新的发展。但是新课改在带来新发展的同时，也让英语教学陷入了一个新的困境。然而一波未平一波又起，高中英语教学还没在新课改中缓过劲来，新高考形式的推行又为高中英语的发展提出了新的要求。虽然说几个教学政策的推行都是为了提高教学质量，但是它对教师的职业能力提出了非常高的要求。作为高中英语教师，我们要在新形势下大力开展英语教学活动，让英语教学跟上时代的脚步。

（一）让英语教学回归到本质，提高学生口语能力

英语教学在近些年的发展中，可以说是偏离了最初的教学方向，教师们的教学目的也在发展中产生了偏差。英语说到底就是一门语言，之所以提倡让学生们都学习英语，就是为了提升学生的交流能力，在将来的发展中有望促进中外的合作和交流。但是就这些年的英语教学情况来看，很多高中的英语教师都以提高学

生英语成绩为目的而教学，并没有注意对学生口语能力的提高。这表现在高中的英语教师都普遍对学生词汇量的增加和语法能力的掌握更上心。学生的阅读翻译能力都较强，但唯独没有较强的口语交际的能力。

英语和语文的教学是一样的，它们都是一个用于交流的工具。其实在新课改推行时，就已经纠正了这个教学方向的偏离。但是由于受到长期传统教学观念的影响，高中英语教师改变教学的观念还需要一定的时间。但是新高考模式的推行在即，这成为一个迫在眉睫的问题。作为高中的英语教师，我们要积极地纠正自己的教学观念，让英语教学回归到最本质的时候，让学生的口语能力得到提高。如果学生在高中毕业之后，只有很强的理解能力，却不知道该如何用英语和别人沟通，这对学生的打击和影响都是非常大的。

（二）进行分层形式的教学模式，采用优差互补模式

在接受高中英语的教学之前，学生们就已经经历过了长达九年的义务教育，甚至有些学生在更早的时期就已经接受了英语的教学。受到教学环境和教师的影响，每个学生的英语水平都是不同的。仅在一个班中学生英语水平的差距都非常大，学习英语的兴趣也有高低。高中英语教师在教学的时候会发现对于不同层次的学生，教学效果是完全不同的。面对这样的教学情况，要想在新形势下真正地提高英语的教学质量，还是有一定的难度的，还需要英语教师在课下的时候，利用互联网对新形势进行更加深入的分析。

现在的形势要求高中英语教师必须尽快调整教学计划，以适应新的政策的变化。要想进行新的教学计划，就需要考虑到全班学生的学习情况，不能就以某一层次的学生为主，这样对其他层次的学生是不公平的，而且也会影响到教学的质量。其实，我们可以借助现在非常实用的分层次的教学方法，在改变教学内容和模式的同时，对不同层次的学生也提出不同的要求。例如，对于英语基础比较好的学生来说，我们可以要求他们去掌握更多高难度的语法，当然对他们的口语表达能力也要提更高的要求，以防止他们出现发展不均衡的情况。

对于那些英语基础比较差的学生来说，提出的要求相对来说就比较简单了，只要帮助他们提升对英语的兴趣，建立坚实的英语基础就足够了。另外，高中英语教

师在教学的时候，还要注重培养学生的社会责任感。我们可以让那些英语水平好的学生在课下的时候，帮助基础不好的学生学习英语，给他们提供更适合自己学习的方法。不过在进行优差互补的教学模式时，英语教师也要给予一定的指导。毕竟高中生的能力是有限的，如果只依靠学生之间的交流来提升教学的质量，那么这个结果是可想而知的。英语教师在整个分层教学中，起到的引导作用还是很大的。

（三）结合新的教学技术和手段，促进英语的进步

其实除了新课改和新高考模式政策的推行给高中英语的教学带来了挑战之外，现在发展非常迅速的高科技也对教师的教学产生了一定的影响。这份影响是来自于学生的。现在的学生从小就接触了一些新型的科技产品，他们认识世界的机会更多了，对新事物的兴趣很高，而且现在又是一个碎片化阅读的时代，各种短视频软件的兴起，对学生专注性的发展造成了非常大的阻碍，现在的学生耐心是非常弱的。在高中英语课堂上，学生的注意力非常难集中，经常是教师一个知识点还没讲完，他们的心思就不在课堂上了。

面对这样的教学困境，作为高中的英语教师，我们要采用辩证的方法来看待科技，既然它影响到了英语教学的发展，那么它就一定会为教学的发展提供一些便利之处。现在基本上每个教室都配备了多媒体设备，只要英语教师能够灵活地使用现代的科技手段，就能够利用科技来促进高中英语的发展。英语涉及的内容是非常广泛的，要想激发学生的学习兴趣，不如在教学之前给他们播放一些英文的小短片，让他们感受到英语的魅力，他们就自然愿意学习英语了。

第三节　高中英语教学理论的新发展

随着经济全球化趋势的逐步深入，当今社会信息化水平日益提高。从某种程度上说，提高了英语学习的能力就意味着掌握了更多发展的机会。《新英语课程标准》提出了更高的教学要求，明确要求创新教学理念，增强高中英语课堂活力。其中转变高中教学方式是关键，教师要把握好课堂教学，促进学生参与到英语教学中来。

高中英语课堂的创新手段很多，根据各个学校不同的情况可以适用不同的方法。对于如何促进高中英语课堂的理论创新，下面重点介绍以下几点建议。

一、确立以学生为主体的基本教学理念

在课堂教学中，毫无例外，学生应该是学习的主人、教学的主体。高中英语课堂自然也是如此。只有把学生置于首要位置才能使学生感受到课堂学习的氛围，增强学生学习英语的积极性，从而提高英语课堂的效率。现如今高中英语课堂的普遍现象是："教""学"分离，即英语教师在教学过程中未能结合学生的基本学习状况，而学生在学习英语的过程中绝大多数都是在应付课堂测试，英语课堂学习效率明显不高。高中英语课堂的理论创新，首先要做的就是确立以学生为主体的教学理念，减少学生对英语学习的疑虑以及消除对英语课堂的恐惧感。只有将高中生融入英语课堂的学习氛围中来，才能使学生真正展现英语学习的个性，真正地实现课堂创新。

二、注重培养学生对英语的学习兴趣

众所周知，一个成功的课堂必然不是强制性的。英语课程不同于其他学科的至关重要的一点就是，在教学过程中，英语课程更加注重对学生学习兴趣的培养。这也说明了高中英语课堂的创新具有很大的难度。高中英语教师在教学的过程中，要充分利用多媒体教学资源，在英语课件中除了大量的词汇信息外，还要加入一些与教学内容相关的图片来增强学生对词汇的记忆。还有重要的一点就是，适当播放视频音频，国内曾经有一个典型的教学案例，就是一位90后英语教师，利用课间时间给学生们播放英文电影，赢得了学生们的喜爱，由此使得课堂效率出乎意料的高。英语教师要注重营造出轻松愉悦的课堂学习氛围，消除学生学习时的紧张感，让学生由被动地接受知识到主动地探索知识。

三、提高学生口语交际能力

我国传统的教学模式就是，教师负责传道解惑，而学生只负责认真听讲，以

此造就了典型的“填鸭式”教学。经过教学实践证明，这种教学模式无疑是低水平、低效率的。上文中已经提起到，英语教学不同于其他科目的教学，若是沿袭传统教学模式，结果之差可想而知。高中生面临着高考的压力，学习任务繁重，在英语课堂中就更要提高其交际能力，才能促进英语课堂的创新。英语教师应该充分利用教材中的语言材料，锻炼学生进入情景对话的能力。强化英语常用语句的记忆，教师要创设不同的场景，组织学生参与进来，培养学生在真实情景中的交际能力。俗话说，语言是知识的载体，现代高中英语课堂的创新必须要采用听说结合的教学模式，以提高学生口语水平。

四、拓宽学生学习和运用英语的多种渠道

教师要充分利用信息技术，在课堂中研发新型教学资源，改进高中生学习英语的方式。高中英语教师要创新课堂教案设计，引导学生运用英语学习的各种资源，使学生能够及时获取英语学习资料，增强高中生对英语学习的热情。英语课堂创新必须立足于当前英语教学的实际，为学生创设不同的学习环境，让不同学习水平的高中生都能够获得属于自己的学习方法，针对每位高中生自身的需求不同，为其提供不同的教学渠道。英语教师之间也要经常进行研讨，互相交流教学经验，把英语教学置于跨文化交际环境之中，抓住英语课堂教学创新的焦点，并逐一突破，实现高中英语课堂教学的理论创新。

五、创新高中英语教学形式

很多同学在高中的时候参加过学校举办的英语话剧表演，在话剧排练的过程中，班级同学积极参加，许多英语学习不好的同学也因此对英语学习产生了兴趣，获得了英语学习的动力，对提高英语课堂学习效率起到了很大的作用。现代高中英语教学的理论创新不可忽视对教学方式的改革，增强课堂的活力在课堂创新的过程中起到了至关重要的作用。教师可以组织学生参加各种英语知识竞赛，比如让学生参与英语 ppt 的制作与演讲、组织英语角、模拟英语口语辩论赛等活动。

课堂教学的目的在于促进学生的全面发展，而不只是让学生获得一份知识。

高中时期是学生成长的重要阶段，高中有效的课堂教学对于学生可谓是终身受益。由此可见，促进课堂教学创新的重要性。英语教学不同于其他科目教学，营造轻松的课堂氛围是促进课堂创新之重要方面，此外，还需要教师与学生共同努力，创设和谐课堂环境，促进英语课堂不断创新。

第四节　高中英语教学的多学科融合

一、心理健康教育融入高中英语教学

在新课标高中英语课程课堂教学的实践探索过程中，通过实施心理健康教育，使学生的个性得到发展，使学生具备良好的心理素质和健康的心理状态，是提高高中英语课堂教学质量的有效途径。在英语学科教学中进行心理健康教育，提高学生的心理素质，解决学生的心理问题，促进学生心理健康，培养学生心理健全的人格品质，已成为现代教育理论和社会发展对每一位教师提出的要求。

（一）高中生在英语学习过程中常出现的心理问题

第一，学生由于英语基础薄弱，在学习的过程中会出现畏难的情绪，虽然有学习的愿望，但缺乏信心，缺乏勇气，不敢积极主动举手回答问题。第二，学生厌学情绪较严重，对老师布置的任务敷衍了事，且学习态度不端正，自暴自弃。第三，学生的自我控制力差，没有明确的学习目标，人云亦云，从众心理严重。第四，自卑、孤僻，心理承受力差，害怕考试，担心焦虑老师家长的批评，上课不愿意参与课堂活动，不愿意与人沟通交流。

（二）心理健康教育融入高中英语教学的必要性

1. 创造课堂良好的心理环境

高中英语教师应在教学中不断地激发和强化学生的学习兴趣，引导他们逐渐将兴趣转化为稳定的学习动机，以使他们树立自信心，锻炼克服困难的意志，认识自己学习的优势与不足，养成和谐和健康向上的品格。通过问卷调查、口头了

解、谈心、座谈等多种渠道，了解学生的态度和需求；根据学生的实际情况安排教学内容，运用灵活多样的教学手段，通过教学活动引发学生学习的愉悦感和成就感，师生共同合作、密切配合，消除学习中的抵触情绪和厌学心理，让学生产生浓厚的学习兴趣，以饱满的精神状态去学习英语。

2. 建立新型师生关系

作为一位高中英语教师，要学会情绪调节与控制，要保持一种稳定、积极的情绪，因为在教学过程中，教师的情绪对课堂气氛、教学效果与学生的学习效果有直接的影响。教师应在良好的心境下授课，思路开阔，思维敏捷，解决问题速度快，对教学内容阐述精确，言语有表现力。在教师的和颜悦色、满腔热情之下，学生的紧张情绪得以缓和，对立情绪得以淡化，自卑情绪得以扭转，竞争意识得以激发，师生关系就能融洽、协调，信息交流就会畅通无阻，从而形成积极、生动、活泼的课堂气氛，教学效果也随之提高。反之，在教师不良心境的渲染下，学生就会情绪紧张，大脑皮层处于抑制状态，师生间出现心理距离，造成课堂气氛沉闷、压抑，信息通道阻塞，从而影响学生对知识的理解、接受，课堂教学质量会受到不同程度的影响。

3. 增强学生的自信心和意志力

自信心就是相信自己，是学好任何学科的前提。事实上，绝大多数的学生都希望自己学好高中英语，可是学习中遇到的挫折往往极大地挫伤了他们学习英语的自信心，于是他们开始怀疑自己。为此，教师首先要对学生的实际情况做出客观的判断，分析他们的薄弱环节和有利条件，在教学中扬长避短，使学生获得尽可能多的成功体验。其次，有计划地进行个别指导，对多数学生予以切实的关心，帮助他们弄清成绩差的原因，指导他们改进学习方法，特别是对他们取得的每一点进步，及时给予必要的肯定、表扬和鼓励。同时，在课堂上给学生做的练习，要面向全体分开层次，承认差别。他们遇到困难时，给予必要的提示，帮助他们解决。这样能让不同层次的学生都获得成功的机会和喜悦，使他们相信自己能学好英语，从而逐步增强他们学习英语的自信心和积极性，逐步引导他们学会交往。

4. 诱发学习英语的进取动力

学生是学习的主体，把学生置于恰当的位置，可以充分调动学生的学习积极性。教师要帮助学生树立学好英语的信心，克服在学习中的害羞和焦虑心理。高中英语课堂上教师要遵循兴趣性原则，在课堂用富于感染力的音乐激发情趣；可以用图片、优美的体态语、简笔画、多媒体课件进行直观教学活动等唤起他们的学习热情。成功的教育往往会使学生感受到成功的满足。教师要注意发掘学生身上的闪光点，对于他们每一次细小的进步，都要及时地加以鼓励。可以选用学生们熟悉的内容或游戏方法，让学生积极参与，使学生的兴趣点达到高潮。教师应对学生在活动中的出色表现给予高度评价，分享他们所获得的乐趣。要让学生看到自我价值，意识到自我潜能，由此摆脱失败的焦虑，克服自卑心理，激发出积极健康的学习热情。总之，心理健康教育在高中英语教学中的渗透是必需的，英语教学必须贯彻心理健康教育的理念。作为新一代的教师，必须转变观念，不仅要教书还有育人，不仅要传道、授业、解惑，还有以教书为载体、为纽带来挖掘学生的潜能，调整他们的心态，引导他们健康成长。

（三）心理健康教育融入高中英语教学的可行性分析

对于高中生而言，由于课业负担重，面临高考的压力，所以一天的生活大部分时间都是在学校的课堂教学中度过的。相对于专门的心理咨询师和心理团辅课而言，日常普通的课堂教育教学活动才是学生最主要、最直接、也是最基本的心理教育活动形式。因此，在日常的课程教育中渗透心理教学才能成为我们实施和促进学生心理教育的主要方法之一。以各学科教育活动为主要载体，调动师生共同参与的积极性，在学科教学中融入心理健康教育，促进学生心理健康发展。

新课改的英语教材更加贴近学生的实际生活，其主题鲜明，许多语篇都蕴含着思政元素和心理健康教育的元素，让学生感同身受，产生共鸣。这些还有助于强化学生的社会责任感。因此，在教学过程中，深度挖掘教材，可以让学生在学习过程中保持良好的学习情绪，在提高学生学习能力的同时，培育学生的良好性格，从而促使学生身心健康、全方位发展。

（四）心理健康教育融入高中英语教学的有效途径

1. 调整教师自身的心态，取得学生的信任

面对学生学习英语缺乏自信，学习兴趣不高涨等现状，如果老师仅仅一味地

单方面地填鸭式地知识灌输，学生没有回应，那么英语成绩的提高是相当的困难的，学生痛苦，老师疲惫，家长抱怨，长此以往，老师就会对学生失去信心，对教学失去热情，教和学很有可能就会处于恶性循环之中。作为一名教师，面对这种恶性循环，我们应该采取怎样的措施呢？作为教师，我们应当调整好自身的心态，即使有再大的困难，我们也必须以最饱满的热情，去感染学生，激发他们学习的兴趣，调动他们学习的热情。教师作为心智成熟、文化水平高的成年人，与心智尚未成熟的学生相比，教师更要冷静、客观地看待问题，分析原因，解决问题。如果学生出现了问题，首先教师不能自乱阵脚，垂头丧气，要用恒心、耐心、爱心，对待每一位学生，用一种发展的眼光看待每一位学生，细心寻找他们身上的闪光点，并及时给予鼓励，这样才能保持良好积极的心态做好每天的工作，用热情、爱心去感染学生，真心关心学生，尊重学生，从而缩短师生间的距离，减少师生间的隔阂，使每个学生都乐于亲近老师，对教师产生信任。师生之间的彼此信任。可以给予学生希望，并激发他们的学习兴趣，增加他们学习的自信。

2. 积极的心理暗示，激发学生的自信

心理暗示，是源于西方的心理学的一个专业术语，即以含蓄、间接的方法，对一个人的心理和活动产生影响。由于缺乏语言环境，再加之高中阶段的知识难度逐渐加大，所以学生对英语学习缺乏自信，进而形成了消极的心理暗示，由于长期受消极心理暗示的影响，学生逐渐对英语学习失去了兴趣，最终形成了恐惧心理和厌学情绪；再加之语言学习的枯燥乏味与单调，学生无法形成积极的学习动力。面对这种现状，教师应该利用积极的心理暗示，在高中英语教学中，通过自身的语言、面部表情等方面的暗示来影响、改变学生的学习态度，消除学生对英语学科的畏难情绪。

3. 营造积极良好的教学氛围

在高中英语教学过程中，为了调动学生学习的积极性，构建良好的师生关系，老师要尽可能营造积极良好的学习氛围。例如，热情地与学生打招呼能让学生感受到老师的热情，从而以健康愉悦的心情投入到英语学习当中。在教育学习过程中，老师要仔细地观察每个学生身上的闪光点，并适时地予以引导鼓励，Well done！ Good Job！这些看似简单的语言有助于学生提高学习的自信心。在教学过程中，教师发现学生遇到了学习困难，要及时主动地予以帮助，Don't worry！Don't be nervous！这些教学语言不仅有利于帮助学生缓解紧张的情绪，缩短师生间的距离，更有利于帮助学生形成积极主动的学习态度。

4. 挖掘高中英语教材，找到教育的契合点

如果我们希望将心理健康教育渗透到英语教学之中，我们就要找到两者的契合点，对英语教材进行深度的挖掘，将英语课堂当成心理教学的主要载体；在教学过程中，有意识地从心理角度对学生加以指导，提高学生的心理素质，使学生得到全面的发展。

5. 利用分层教学，对学生进行积极的评价

高中生由于英语水平参差不齐，老师如果采用传统的教学方法，就容易让学生产生消极的情绪。因此，在高中英语教学中，老师应合理运用分层教学方法，给不同基础的学生布置不同的学习任务，使其均能实现学习目标，从而提高他们的自信心。

二、思想政治教育融入高中英语教学

（一）将思想政治教育融入高中英语教学中的必要性

高中英语是高中阶段的重点学科之一，占有相当重要的地位。高中的课程设置中英语课时仅次于语文和数学，学生、教师和学校在这门学科上都投入了大量精力。当前，我国英语教学缺乏对学生思想政治教育的讲述，甚至有些无视新课标的教学目标，以英语知识和语言能力为目标，认为检测学生是否学好英语的标准就是考试成绩。在内容上只重知识，而忽略甚至忽视英语学科中富含的思想政治教育。因此，在高中英语教学中融合思想政治教育是很有必要的。

1. 培育高中生社会主义核心价值观的需要

英语学科是高中时期的一门特殊的主要学科，它的特殊性体现在其是一门外国语言，高中生在学习这门课程的过程中，势必要去了解这种语言下的国家环境及其文化背景。

我国正处于文化转型的非常时期，这个时期的思想是混杂多样的，马克思主义、中国传统道德伦理以及资本主义社会“普世价值”理念，是中国当代接触最多的思想，人们的思想或多或少受影响。如果将这三种思想放置在一起让人们选择，人们能够清楚地认识到社会主义的主流思想应该是马克思主义，但是在现实生活中，却不能清楚地辨析它们。资本主义社会“普世价值”理念消解了马克思主义的力量，给人们的认识带来了冲击，在一定程度上影响着我国社会主义现代化建设的进程。高中英语课程内容大多以西方发达资本主义国家为背景，涉及这些国家的文化，生活习惯，政治、经济体制等多方面，这些与中国有着很大的差别。而高中生思想单纯，非常容易接受新生事物，且缺乏鉴别能力，如果高中英语教师忽视对学生的思想政治教育，不注意正确引导，学生很容易受到国外不良思想的影响，英语教学就很难实现德育目标，难以达到对学生的教学目的，甚至还会给学生带来消极影响，产生价值观冲突，长此以往，学生的价值观会受到腐蚀，严重者甚至导致中国化价值观被挤出局。① 因此，要加强思想政治教育，使高中生在学习英语的同时，学会从客观角度去分析评判，促进学生形成正确的价值观。

2. 推进“三全育人”的需要

高中课程改革已经进行很长一段时间，如何更好地发挥课程教学的作用，是重点也是热点。思想政治教育与课程教学两者都是高中教育的重要内容，但两者一直被看作是“两张皮”。由此，导致学科教学中的思想政治资源没有得以充分挖掘。究其原因还是因为“全课程、全方位、全员育人”这一理念没有深入人心，没有得以树立。思想政治教育是一项复杂而又系统的工程，包括教育主体、教育对象、教育载体、教育内容、教育环境等各个基本要素，而每一要素之间又是相互联系、相互依存、相互制约的。高中的思想政治教育其对象和内容都是传统意义上的政治教育，缺乏整体性和关联性。因此，强化全员育人、全过程育人、全方位育人的“三全育人”理念，使之能够多途径、全方位地对学生进行思想政治教育。习近平总书记在全国高校思想政治工作会议上明确强调“要坚持把立德树

① 刘克红，吴华 . 外语教育的文化取向研究 [J]. 现代大学教育，2005（04）：101.

人作为中心环节，把思想政治工作贯穿教育教学全过程”[①]。在《意见》中再次强调，加强和改进高校思想政治工作的指导思想就是“以立德树人为根本”[②]。习近平总书记把“立德树人”这一思想提升到一个新的定位上，在他看来，“立德树人”在学校思想政治教育工作中是每个学科、每个老师都应该重视的内容，而不能只通过政治这一学科开展学生的思想政治教育。政治学科固然是思想政治教育的重要环节，但不能是唯一环节。每一学科都应当充分发挥其育人作用，将“立德树人”落实于课堂教学之中，切实落实思想政治教育贯穿于课堂教学全过程这一思想。当今社会价值多元化，各种思想混杂，意识形态变得非常重要，单纯地依靠政治对高中生进行价值引导是远远不够的，全课程、全方位育人势在必行。每一门学科都有其优势和独特性，针对每一学科的特点融入思想政治教育能够充分实现“立德树人”。英语是最接近西方文化的一门学科，其内容富含思想政治教育，在中国素质教育进程中，充分利用英语学科的新异性和人文性，将思想政治教育融入高中英语课堂是现代教育的创新。将思想政治教育工作纳入教学的全过程，不仅应当将其纳入高中各级党组织的主体责任，更应当是每一个教师责无旁贷的职责。党的十八大中提出教育的根本目标是为社会主义现代化服务，根本任务是立德树人。这一目标和任务的提出是对社会主义教育方针的坚持和发展，充分体现了我们党坚持马克书主义教育理念和党培养人才的优良传统，为当代人才发展战略指明了奋斗方向。

3. 高中学生个性特征的需要。

目前的高中生都是“00”后，他们几乎从出生就伴随着手机、各种电子游戏和自媒体长大，个性较强，追求自由，强调自我，思想状态复杂多变，认知混乱。因此，在构建个人价值观的重要关键时期——高中阶段，对学生进行思政教育显得尤为重要。英语教师应当借助高中英语课堂教学，有针对性地融入思想政治教育，把学生培养成为社会主义建设需要的有用之才。

① 把思想政治工作贯穿教育教学全过程 开创我国高等教育事业发展新局面 [N]. 人民日报 .2016-12-09.

② 关于加强和改进新形势下高校思想政治工作的意见 . 人民日报 [N].2017-2-27.

4. 高中英语学科核心素养的需要

《普通高中英语课程标准 (2017 年版)》指出:“指向学生学科核心素养的英语教学应以主题意义为引领，以语篇为依托，整合语言知识、文化知识、语言技能和学习策略等学习内容，引导学生采用自主、合作的学习方式，参与主题意义的探究活动，并从中学习语言知识，发展语言技能，汲取文化营养，促进多元思维，塑造良好品格，优化学习策略，提高学习效率，确保语言能力、文化意识、思维品质和学习能力的同步提升。”

其中，“文化品格”要求学生通过英语课程的学习，能获得文化知识，理解文化内涵，比较文化异同，吸收文化精华，形成正确的价值观和道德情感，自信、自尊、自强，具备一定的跨文化沟通和传播中华优秀文化的能力。“思维品质”要求学生通过学习，能辨析语言和文化中的各种现象，分类、概括信息，建构新概念，分析、推断信息的逻辑关系，正确评判各种思想观点，理性表达自己的观点，初步具备用英语进行多元思维的能力。

5. 高中英语课程标准的需要

普通高中英语课程的总目标是全面贯彻党的教育方针，培育和践行社会主义核心价值观，落实立德树人根本任务，在义务教育的基础上，进一步促进学生英语学科核心素养的发展，培养具有中国情怀、国际视野和跨文化沟通能力的社会主义建设者和接班人。

高中英语课程标准明确指出，英语教师在教学过程中应该尊重本学科的教学规律，将思想政治教育融入语言教学过程中。教师既要注重疏通课本知识，同时又要将思想政治融入教学全过程之中，教学重点不能肤浅地停留在语言知识传授上，还要通过课堂潜移默化地促使高中学生品格的健全，使学生德智全面发展。

（二）思想政治教育融入高中英语教学中的可行性

思想政治教育融入高中英语教学不是凭空产生的，这是教育发展到一定阶段必行的一部分。受应试教育影响，学校在很长一段时间特别是现在部分地区都承受着学生参加高考的压力，学生的高考成绩关系着学校的发展前景，因此，学校大部分精力放在学生成绩的提高上，而不是放在注重学生的思想政治教育上。高中英语在课程设置上仅次于语文和数学，占有十分重要的地位，将思想政治教育融入高中英语教学是势在必行的。

1. 思想政治教育融入高中英语教学中的理论依据

（1）马克思主义关于人的全面发展理论

"个人的全面发展"这一科学概念是马克思在《德意志意识形态》一书中所阐述的，是马克思主义教育思想的重要组成部分。马克思主义强调人是具体的人、实践的人，是"得到全面发展、能够通晓整个生产系统的人"[①]，同时"全部社会生活在本质上是实践的"。即现实的人的一切活动其根源在于人的实践，这是人存在的根本方式。一方面，思想政治教育也是需要依靠现实的人来实施的，思想政治教育的目的是使人们形成良好的道德品质，这些品质的形成能够促使人积极投身于社会的生产和发展实践之中。另一方面，思想政治教育效果是否达到要求需要实践来衡量。思想政治教育效果的检验不是靠人的主观意识，而是通过社会实践。受教育者在接受一定程度的思想政治教育之后，能够将其运用于实践，规范自己的日常行为，并主动投入于社会生产实践之中去，于是，思想政治教育就达到了预期效果，人就得到了全面发展。人的全面发展是人对社会关系的控制的发展。在人与自然和社会的统一上表现为在人的各种素质综合作用的基础上人的个性的发展。

（2）中国古代知识教育与道德教育

"四书五经""增广贤文""弟子规"等等这些在中国古代启蒙教育的读本中饱含了为人处世的说理与训导，蕴含了诸多修身养性的道理。诸如"天行健，君子以自强不息""博学之，审问之，慎思之，明辨之，笃行之""尊贤容众，以德服人，修身齐家，天下为公"等。我国伟大的思想家和教育家孔丘，他主张寓道德教育于礼乐教育、知识教育和日常行为教育之中。曾有云："弟子入则孝，出则悌；谨而信，泛爱众而亲仁。行有余力，则以学文。"他认为，道德品质比文化知识更重要，道德品质是一个人必须具备的基本品质，所以，在他的教育中道德教育居于首位，它并不作为专门的文化学科而是一种基本道德要求，孔子的道德教育思想贯穿在他所教授的文化知识学科中，从文化知识中传授，灌输道德思想

① 马克思恩格斯选集（第1卷）[M]. 人民出版社，1995，243.

和观念。在他看来文化知识的最基本任务是为道德教育服务。儒家将德育细化了德育和美育，孔子认为“乐”可以陶冶一个人的性情。

《论语·泰伯》中有云：“兴于诗，主于礼，成于乐。”荀子也同样主张美的教育，在认为“乐者，圣人之所乐也”。同样，韩愈也强调思想道德教育应当摆在其他教育的首位，“师者，所以传道授业解惑也”在他看来，教育者的首要职责是“传道”即传递思想道德教育，其次才是“授业”和“解惑”。古代教育学家并不主张孤立地进行思想道德教育，他们主张将道德教育与文化知识同时进行，据《论语.述而》记载，孔子以“四教”教学生，所谓“四教”，即“文、行、忠、信”。“文”是指文化知识；“行”“忠”“信”则归属为德育教学内容。孔子的“文”教，主要是向学生传授“四书五经”等文化典籍。儒家学派认为学《诗》的目的，不只是为文艺，还有“成孝敬，厚人伦，美教化，移风俗”作用。由此可见，文化教育有助于道德教育，智育有益于德育。南北朝时期的颜之推也认为知识教育是道德教育的基础，并为道德教育服务。他在《颜氏家训·勉学》中说：“夫所以读书学问，本欲开心明目，利于行耳。”可见，古人的思想道德教化，思想熏陶和知识灌输是紧紧联系在一起的。这些知识教育与道德教育的方法，对后世产生了很大的影响，值得我们借鉴。

2. 思想政治教育是英语教学目标的重要组成部分

高中英语教学作为一门语言教学，具有鲜明的文化载体特质，它包含了一个国家、一个民族的历史发展和文化底蕴，概括地说，语言教学也就是文化教学。语言教学，既要掌握好语言要素，同时还要对文化有所了解，在学习他国语言的同时，还要了解其文化。我们在学习英语国家文化的同时离不开中华民族的文化，学习语言最终的目的是实现一种文化和另一种文化进行交流，形成其固有的思维模式，在学习过程中将两种文化进行区别，使不同文化在交流过程中相互包容，求同存异。文化包容和文化交流相互作用、相互促进，并且在融入思想政治教育的过程中树立文化自信，以增强民族自豪感，提高我国高中生思想道德素质。英语课属于文化基础课程，具有工具性和人文性，是高中生的主要课程之一，有助于学生心灵健康、心智发展和道德升华。全日制普通高中英语新课程标准中，英语的教学目的主要有两个。一是让学生掌握一门国际通用的语言，二是提高学生综合人文素养。提高学生综合人文素养是指提高学生的内在品质，即培养学生为人处世的基本“德性”和“价值观”，培养学生的科学精神和道德精神。由此可见，高中英语教学的目标不仅是为了掌握一门语言，而且要注重学生思想道德品质的提高，这与思想政治教育的培养目的具有共同点。比如，在高中英语的教材内容中会出现一些与我们国家有所不同的政策、生活方式等等，在这个时候进行适当的思想教育或政治教育是有必要的。

另外，英语课堂有时候会进行与课堂相关的电影欣赏，此时，学生会更直观地看见各种与我们不一样的行为习惯甚至说话方式，这就要求我们进行相关的道德教育和心理教育，学生具有极强的模仿能力，同样他们有时候还不能区分善恶真假，只有适当引导才能更好地培养他们的综合人文素养。由此可见，学生在学习英语的过程中同时也是对他们自身综合人文素质的一种培养。一些西方发达国家利用人文学科进行思想政治教育取得了很大的成绩，他们的教育方式是一种潜移默化的隐性教育。如美国的公民教育和日本开设的“修身科”，这些都是典型的隐性教育。高中生正处于心理和生理增长的黄金时期，他们的三观还具有极强的可塑性。面对当前日益复杂的社会环境，各科教师均应该既教书又育人，将思想政治教育纳入其整个课程教学之中。英语学科有着其他学科不可比拟的优越性，高中生在校的大部分时间是在学习知识，学校开设了英语课、英语早自习、晚自习，这些课程的开设充分显示了英语的重要性，我们抓住了这些契机就抓住了思想政治教育的阵地。

综上所述，将思想政治教育融入高中英语教学是可行的，这样既能充分发挥英语学科的育人功能，又能使教师坚定正确的思想，更好地指导英语教学。

3. 人教版高中英语教材是新时代“课程思政”的有效载体

从素材的选取上，人教版高中英语教材突出了“思政教育蕴含在教材中”的理念，强调了思政教育的内容。

人教版高中《英语》必修 1 开篇引用老子《道德经》中的一句话：A thousand-mile journey begins with the first step.（千里之行始于足下。）启发教师在教学中有意识地渗透哲学思想。在该课的教学中，教师可以以教材文本为基础，创设“新学期 · 新起点”英语演讲活动，引导学生努力从点点滴滴做起，朝着梦想迈进。Unit 2 Traveling around 除了介绍世界各地的文化古迹外，还提到了世界文化遗产，从教学设计上可以设计中西文化对比，弘扬中华优秀传统文化，建立文化自信。另外，教师应结合学生的生活实际，创设丰富多彩的育人活动，让他们自行设计旅行路线，从而在自主学习的基础上加深对中华文化的理解。Unit 3 Sports and fitness 对比了中国女排主教练郎平与美国篮球巨星迈克尔·乔丹。在这堂课中，教师除了向学生传授知识技能外，还应进行德育。在情感态度与价值观目标中，可以渗透"女排精神"，引导学生把个人理想与国家前途命运紧密相连。Unit 4 Natural Disaster 保留了 2004 年 版 Earthquake the night the earth didn' t sleep 的内容，增加了 "…Tangshan city has proved to China and the rest of the world that in times of disaster，people must unify and show wisdom to stay positive and rebuild for a brighter future."。教师在设计教学活动时，可以以"5·12 汶川地震"为话题，分段进行任务型教学，强调国家情怀，使学生了解中华民族在战胜灾难、重建家园中凝结的不畏艰苦、团结一致、勇于担当的抗震精神。这些内容与社会主义核心价值观紧密关联，不仅突出了教材的专业性特点，还强调了思政教育融入的重要性。Unit 5 Languages around the world 除了介绍各国的语言，还介绍了中国博大精深的书法文化体系。在课堂教学中，教师可以充分利用时间轴让学生把中国书法文化体系的发展史描述出来，以传递中国的价值观追求。

（三）"课程思政"融入高中英语课堂教学的原则

1. 原则性和灵活性相结合

高中英语教学应在完成应试教学任务的基础上，兼顾思政教育，将其融入日常的英语课堂教学，运用各种形式在英语课堂中融入思想政治教育，让学生在不知不觉中得到思想升华，培养学生的人文素养，提高其综合素质。

2. 加强学习，提高修养

高中英语教师应利用各种途径提高自身的思想政治修养，丰富思政专业知识，并结合自己所讲内容进行思政内容的发掘和融入。俗话说"打铁还需自身硬"，要想教育好学生，教师首先要做出表率和示范，作为高中英语教师，一定要提高个人修养，钻研教材，不断汲取知识，提高自身素质，做到学高为师，德高为范，思想端正，心理健全，关注时事，不断提高思想政治修养。

3. 注重理论与实践相结合

“纸上得来终觉浅，绝知此事要躬行。”课堂上学到的东西始终只是理论层面，只有把理论与实践相结合，才能让高中英语课堂的思想政治教育发挥更大的作用。例如，在清明节时，英语教师除了可以让学生们知道怎么用英语表达与清明节相关的话题，还可以带学生们到烈士墓去献上鲜花，祭拜革命先烈，缅怀革命事迹，让学生在实践中感受到因为先烈们的付出才能有现在美好的生活，所以更应该奋斗、拼搏，增强自己的社会责任感和国家主人翁意识。

（四）思想政治教育融入高中英语教学的主要策略

思想政治教育融入高中英语教学不是生硬地将两者联系在一起，而是要注意一定的方法和策略，如此才能将两者更好融合在一起。

1. 强化英语教学“育人”意识

英语是高中的重要学科之一，教学内容涉及广、影响力大，所以英语老师必须意识到自己所担的责任。高中生在英语学习过程中会接触到很多西方思想，其中不乏西方消极、腐朽的思想，这些会侵害高中生的思想。高中生正处于价值观形成的时期，这些西方消极思想使他们的价值观念受到冲击，导致道德标准发生偏差。高中英语教学是优秀文化传承的重要载体，在潜移默化中蕴藏着重要的育人功能。

受应试教育的影响，人们普遍将高中英语教学的目标定位为高考取得高分，学习英语也是为了提升口语、听力、阅读能力或者出国留学等等，鲜有人想通过对高中英语的学习来提升自己的思想政治修养，这也是人们的误区。通过调查问卷也可以看出有的英语老师在应试教育的压力之下，授课时注重灌输英语知识而很少在课堂上灌输思想政治教育思想。“理念是人们经过长期理性思考和实践所形成的有关思想观念、精神向往、理想追求和哲学信仰的抽象概念。”[①] 思想政治教育既要通过显性教育也需要进行隐性渗透。因此，高中英语教学必须把思想政治教育摆在重要地位。党和国家历来重视思想政治教育，把思想政治教育摆在十

① 程建平 . 德育理念论 [J]，开封大学学报 .2004（2）.

分突出的地位。社会主义建设所需要的人才的思想政治素质应当在质上“优”，在量上“高”，而不同个体的思想政治素质是有一定差异的，要达到“优”与“高”，必须通过加强思想政治教育来实现。因此，思想政治教育是实现高中英语教学的“育人”目标、保持高中英语教学正确方向的重要保证，必须摆在重要地位。

2.挖掘英语教材“德育”资源

英语教材含有丰厚的思想政治教育内容，高中英语教材中每一篇课文都是精心挑选的。如果对高中英语课本教材进行深入挖掘，合理运用并加以正确引导，那么就能够很好地将思想政治教育融入高中英语教学达到“寓教于学”的目的。这种融入方式是隐形的，不是直接灌输，能够更好地被学生所接受，是一种颇具实效性的教育方式。

挖掘英语教材中的“德育”资源主要从两方面着手。一方面引导学生对教材的关注。高中阶段学生会购买许多的课外辅导资料，有些是老师的要求，有些是家长或学生自行购买，造成的后果就是学生不重视教材。不重视教材如何去研读教材中富含的思想政治教育内容，因此，教师要引导学生关注教材，让他们在预习、学习、复习过程中去挖掘教材中的“德育”资源。另一方面教师要责无旁贷地深入挖掘英语课程中富含的思想政治教育资源。教书、育人两者不是分开的，而是一个联合体。高中英语在教学过程中要充分认识到这一点，在进行英语学科教学的过程中将思想政治教育融入其中，让学生在课堂中不仅学习英语国家文化同时也能够明辨是非，了解中华传统文化，并接受中华优良文化。

（1）提升高中英语教师思想政治教育素养

英语教师是实施英语教学的主体，不提高英语教师的素质教育，实施思想道德教育就会成为一纸空文。邓小平指出：“一个学校能不能为社会主义建设培养合格的人才，培养德智体全面发展、有社会主义觉悟的有文化的劳动者，关键在教师。”[①] 课程教学是我国实施素质教育的主要渠道，英语教师身处教育的第一线，对高中生的影响直接而长久，是决定学校素质教育质量高低的主要因素之一，而且英语教师还有一定的特殊性，教材内容承载着西方文化下的价值观念，需要教师带领学生对西方意识形态加以辨析，从而对学生进行正确的思想政治教育，这

① 邓小平文选（第 2 卷）[M]. 北京：人民出版社，1993：106

些对英语教师的政治素养要求极高。“学高为师，德高为范”，英语教师在生活和工作中的态度会直接或间接地影响到学生。因此，高中英语教师应当加强自身修养，让自己成为学生心目中的榜样，从而影响学生。

（2）提高英语教师的思想政治教育能力

英语需要不断改革完善教育教学方法，改善原本单一的专业课程教学方式，使高中英语教学方法与当代社会环境发展相统一。

首先，设计合理的英语课堂。course，“课程”，原意为“跑道”“人生的历程”，起源于拉丁文，后被引入教学术语，特指学习者通过有目的性的计划下的一种学习进程或路径。一般来说，课程需一个长期的过程才能看到效果。现在，课程是学生在学校进行的一种教育科目的统称，而教育不应该只是限定于课堂上课程的显性教育，还应当注重熏陶式的隐性教育，寓思想政治教育于英语教学之中。目前高中英语教材中的每一篇课文都是精心挑选的美文，题材多样，内容丰富，只有找到其与思想政治教育的最佳结合点，才能激发学生的思想感情。因此，教师要充分了解课本知识点，并对它们进行深入挖掘，科学利用教学资源，并注意安排的系统性，每一个章节突出一个主题，把思想政治教育融入每个课堂，发挥课堂的优势，进行隐性教育，把育人充分贯彻于英语的整个教学过程中，使学生在学习英语时，既能接受英语知识的学习，还能在思想上受到教育。潜移默化地在英语教学过程中渗透思想政治教育。教师在英语课程教学中要充分利用学校现有的教学资源，现在大部分的高中学校都配备多媒体设施。有些英语教师却无视这些，仍然采用传统英语教师的授课模式，主要以讲解为主。现在多媒体的引进丰富了课堂教学内容和方法，但在调查中发现，有为数不多的英语教师，因为自己是班主任，会在英语教学过程中适当地融入思想政治教育；有些教师稍微能利用英语课堂的优势进行思想政治教育。

其次，充分调动学生主观能动性。新的教师职业道德规范认为教师要关爱学生的生命及安全，维护学生合法权利，依法执教。英语教师在这方面具有得天独厚的条件。英语教师在课堂进行教学时，应当注意以学生为本，发挥学生的主观能动性。也就是说在英语课堂上要做到以下两点：第一，肯定学生的主体地位，建立新型主客关系；第二，发挥学生的主观能动性，促进学生全面自由地发展。

英语教学方法灵活多变，如“换位法”“讲演法”“影片教学法”等等，教师应当根据实际情况选择设计适当的教学方法。同时，英语教师要将培养学生的思想政治素质纳入教学计划，以学生为中心，设计最能启发学生思维的教学内容，以达到求最佳的育人效果。

最后，英语教师要从实际出发重视身教。实践出真知，英语课程学习是一个长期的过程，这一过程需要学生通过学习和实践来实现，它是学生在学习和实践中，逐步掌握英语知识和技能的一个实践过程。英语教师在教学过程中，一要联系学生实际情况，二要注重身教对学生的影响。在此基础上，对教材做灵活的处理，可采用引申、拓展、对比等方法，尽可能地丰富英语课程教学，有意识地设计思想政治教育。

3. 创设学习情境，创新教学方式与手段，设计真实学习任务

教师对学习发生的场景或教学情境做出适当挑选，构建与主题相符合的学习情境，使学生在实际情境中获得语言知识和接受思政教育，并给他们充分的机会在情境中演练，构建新旧知识的桥梁，使学生自主完成从接受知识到产出语言的过渡。

比如以环境为主题，教师课前可要求学生利用网络收集环境与气候的资料，同时通过教师准备的相关视频、微课等多样性的教学内容输入，结合各种情境谈论天气，组成表达天气的英语词组、句子和表达谈论天气的对话，相继展开天气和环境的关联讨论，最终在语言输出中提高学生环保意识，实现建设美丽中国从我做起的语言产出。

4. 创设以学生为主体，重视讲练结合的教学模式

情境认知学习理论主要强调在教学过程中发挥学生主体作用。教学模式不仅影响课堂气氛，而且影响学生学习热情和学习效果。思政教育的讲解应理论与实践相结合，让学生在不同情境中实践应用知识，从而能够快乐地学习。因此，教师应给学生更多实践机会，如课堂演讲，小组讨论、辩论，社会实践等形式，引导学生在英语学习过程中进行思政教育的渗透。

例如在高中英语人教版必修二 Unit2 “The Olympic Games” 中，有一段关于奥运会的采访，老师可以组织情境模拟，鼓励学生组成小组来进行实景演练。小

组成员互相采访，不仅能锻炼口语能力，还能从“采访”的过程中体悟奥运精神，这其中不仅有竞技和挑战，更离不开自由、团结、公平、平等的奥运精神。同时教师可以穿插2020年东京奥运会的时事热点和最近的体育赛事等，推动学生积极展开讨论，将思政元素巧妙融入其中。英语课堂的情境设置从来不是目的，而是一种有效的手段或方法，其目的是让学生作为主体，可以在一定程度上提升思政教育的亲和力，在高中英语课程和思想政治理论之间形成一种协同效应，从而达到提升学生知识水平和培养正确的人生观、价值观和世界观的双重目的。

5. 善于运用多媒体技术

信息化时代，多媒体技术为思政元素融入高中英语课堂教学的情境认知提供了强有力的后盾，也增强了高中英语课堂的趣味性和生活性。在教学过程中，教师可通过图片、音频、视频等多种方式，创设有效的教学情境，即再现情境，将课程内容生动形象地展示给学生，添加动画、3D等效果，让学生如临其境、印象深刻。同样，将思政知识融入固有的高中英语知识体系，不仅在一定程度上要求了高中英语教师具备国际化的视野和对思想政治理论的全面认知，更要求其拥有对中华传统文化的积淀和自信。

比如高中人教版必修三 Unit 1 “Festivals around the world”，课文主要内容是节日与庆典，教师可以采用3D动画将学生置于四种不同节日中，让其身临其境感受节日的氛围。同时引导学生自己在课余时间利用互联网了解中国优秀传统文化，并在课堂上积极探讨和思考，从中体味中国的优秀文化传统，这有助于帮助高中学生树立文化自信，间接性地提升高中生对思政元素的理解能力。

三、将中华传统文化融入高中英语教学

（一）高中英语融入中国传统文化的必要性

1. 新课标的要求

在关于《英语课程标准》实施的建议中，提出了文化与交际的关系。语言是文化的载体，教师要有效地处理这两者之间的不同之处，加强其中的联系，让学生在学习过程中能够了解国外的文化，提高学生英语运用能力，再通过对学生视

野的拓展，让学生能够进一步地理解中国的传统文化，发展学生跨文化交际的能力。在教学中，教师要在展示西方文化的基础上，增添相对应的中国文化元素，给学生提供丰富多彩的教学内容，吸引学生的兴趣。

2. 实践的需求

随着全球化的发展，中国成为国际型的国家。高中英语的学习和当下文化的输入出现了一定的脱离现象。一些教师在教学中往往会忽视文化内容，让英语学习成为孤立单独的语言学习。在中西方文化介绍中，教师也会冷落中国的传统文化，导致文化间的双向交流出现问题。

（二）高中英语教学中中华传统文化融入现状

1. 阅读教学

语篇是文化的载体。语篇阅读是学生感知文化知识、认同优秀文化，进而形成文化理解、培养文化意识的主要途径。但在实际阅读教学中，存在各种弱化或缺失文化教学的现象，如语篇教学仍以语言知识输入和语言技能训练为主，对语篇中的文化内涵视若不见；阅读教学常止于对语篇中表层文化知识的关注，缺乏对深层文化的解读；语篇阅读教学中英美文化相对强势，中国传统优秀文化被边缘化。

2. 写作教学

近年来，全国高考英语不断加大对中华传统文化的考查力度，内容涉及中秋节、重阳节、龙舟训练营、社交习俗、风景名胜、旅游、传统饮食、传统戏曲文化、历史博物馆、历史人物、唐诗、唐朝历史、中国结及剪纸艺术展等。鉴于高考英语的导向作用，中华传统文化融入英语教学越来越得到重视，尤其是在写作教学中。但现阶段英语写作教学中对中华传统文化的要求更多地停留在知识层面和学习内容层面，缺少对优秀传统文化态度层面和价值观层面的融入，未能达到《课程标准》要求的文化意识目标。要达到培养“文化意识”的目标，不能只设计文化知识传播活动，还要设计态度养成、价值建构活动。例如，关于端午节的应用文写作，不能拘泥于让学生学会端午节的相关词汇用英语怎么表达，而应套用写作模式，写一篇 100 词左右的邀请信，还要在教学中融入爱国主义情怀、屈原关注民众疾苦的态度等。

（三）中华传统文化融入高中英语教学的方法

《普通高中英语课程标准》提出了指向学科核心素养发展的英语学习活动观，指出无论采用什么方式组织活动，教材都应体现基于语篇的学习理解类活动、深入语篇的应用实践类活动、超越语篇的迁移创新类活动（教育部 2018）。结合《普通高中英语课程标准》提出的英语学习活动观，在教学实践中探索促进中华传统文化理解与传播的课堂教学模式，如图 2-4-1 所示。

感知和获得文化知识（学习理解类活动）

↓

基于语言学习认同、分析、理解和比较文化内涵（深入语篇的应用实践类活动）

↓

运用英语传播中华优秀文化（迁移创新类活动）

图 2-4-1　促进中华传统文化理解与传播的课堂教学模式

1. 通过学习理解类活动感知和获得文化知识

中华文化博大精深，范围很广，随着信息技术的发展，文化的感知和认同可以采用多种渠道，如官方媒体网站提供了大量展示中国传统艺术、戏 曲、书籍、民俗、节日、旅游、电影等文化的图文讲解和视频，是很好的课程资源。近年来出版的如《学英语讲中国故事》《用英语讲中国故事》等一系列书籍，也适合广大高中生阅读，能够帮助他们从英语语言角度感知和学习中华传统文化。

2. 通过深入语篇的应用实践类活动，分析、理解和比较文化内涵

课堂教学应从词句层面着手，再概括文化信息，并提出思维层面的问题，进而分析文化现象，对比中外文化异同。例如，在教学人教版高中《英语》必修三 Unit 1 "Festivals around the World" 时，教师可以引导学生构建思维导图对比中外同一个主题的节日（如 festivals of the dead in the western countries 西方亡灵节和 the Qingming Festivals in China 清明节）的异同，使他们在讨论中自觉形成开放、平等、尊重、宽容和客观的跨文化态度。

3. 设计迁移创新类活动，运用英语传播中华优秀文化

引导学生运用英语传播中华传统文化，活动形式要多样，可以组织学生开展

主题演讲、文化专题板报、知识竞赛、口头交流与写作及主题交流英语角等活动。例如，人教版高中《英语》选修八 Unit 1“A Land of Diversity”的主要内容是美国加利福尼亚州的发展历史和文化的多样性。在教学完课本内容后，教师可以引导学生运用所学语言知识，用口头交流和写作的方式讲述或介绍我国少数民族聚居地区的生活习俗等。写作不是课堂教学的终点，而是以它为载体，引导学生加深对文化知识的理解，坚定文化自信，树立主动传播和弘扬中华优秀传统文化的意识。

四、将生涯教育融入高中英语教学

随着课程改革的深化，英语教师在日常教学过程中应基于英语学科核心素养，注重知识点与生涯课程实践性的关联，根据学生实际学习能力及个性特点采用适宜的教学模式，鼓励他们以兴趣为出发点开展学习，激发其学习内驱力，帮助其将学习目标与职业兴趣有机结合，在培养其英语学科核心素养的同时，培养其选课能力和职业规划能力。

（一）在高中英语教学中融入生涯教育的重要性

社会和个人发展的客观要求迫使许多国家重组基础教育和职业实践计划。其中一个重要发展方向是普通课程的生涯化与生涯发展课程的普通化，促使基础课程呈现生涯发展的特性。换句话说，所有的教育即生涯教育。学校的教育教学与学生的未来职业生活有着千丝万缕的联系。多元化的学习体验、积累会潜移默化地影响学生的职业发展和行为，并有助于增强其完成学业所需的能力。高中生的生涯发展是一个有计划、系统的学习渐变过程，其间，学生要持续地完成多种与职业相关的学习任务。有效的生涯教育应注重教育整合，打破教育系统与社会的隔阂，力图把生涯教育融入中等学科教育体系，以实现教育的实用性。因此，高中英语教学与生涯教育是能够且有必要互相渗透的。

1. 有助于落实高中英语新课程标准的要求

高中英语教学的目的是使学生具有基本的英语学科核心素养，不管是上大学继续深造还是进入社会就业，都具备终身学习所需要的英语语言 基础知识和基本技能。同时,《普通高中英语课程标准(2017年版)》(以下简称《课程标准》)要求学生在夯实语言能力基础的同时,能够根据个人能力、潜力、优势及未来的职业倾向和发展规划,学会管理自己的人生,从而使高中阶段的英语变为与时代需求紧密结合的课程(教育部2018)。在高中英语教学中融入生涯教育的理念正是落实课程改革"以人为本"的思想,这理应在基础教育课程中占据一席之地。

2. 有助于弥补高中英语生涯教育的缺失

随着课程改革的不断深入,高中英语教学模式发生了一系列变化,比如传统的"满堂灌"演变为"以学生为中心"的教学模式。但更深层次的隐性弊端并未得到完全解决。比如,课程内容与学生的生活实际脱节,教学中忽视对学生自主分析能力的培养等,这些潜在的因素势必会阻碍学生综合语言运用能力及批判性思维能力的形成和发展,而高中英语生涯教育正是弥补这种缺失、促进学生生涯发展的 最佳手段。

(二)在高中英语教学中融入生涯教育的策略

在全球多元文化交流与碰撞、生涯发展的需求与困惑与日俱增的背景下,高中英语生涯教育实施应最大限度地引导学生进行自我探索、生涯探索,拟定生涯规划和作出生涯抉择,进行潜能开发,最终实现个人发展与社会进步。在高中英语教学中,学生有计划地实施并主动参与体验活动项目,最终实现自我生涯教育和生涯发展的功能,如自我认知、教育认知、生涯认知、作决 定、就业技巧等。与此同时,教师作为引导者,应激发学生的兴趣,调动其积极性,帮助其达到生涯发展的目的,促进其了解自我及进行生涯认知,提高其生涯决策能力。

1. 增强学生生涯规划自觉

人教版高中《英语》必修四 Unit 1"Women of achievement"以简·古道尔(Jane Goodall)——一位将毕生奉献于研究和保护黑猩猩的女性为例,激发和培养学生保护野生动植物和环境的意识,学习其人道主义精神。在阅读后的拓展环节,为了使学生了解成功需具备的良好品质,激发他们尤其是女生的自信心、事业心和社会责任感,建立正确的性别观和价值观,教师可以进行问卷调查,主要从认识"我"的角度引导学生思考自己是否适合动物学家这个职业,从兴趣爱好、特质、能力、价值观等维度，对“我”的特点进行盘点；还可以引导学生进行“自己的视角”的思考：独一无二的“我”是怎样的一个人呢？我和别人的不同之处在哪里？要正确认识自我，需要从生理自我、社会自我、心理自我来全面、客观地了解自己。所以，英语教师要有意识地引导学生掌握自我认知的方法，如比较法、自评法、他评法、心理测验法、社会实践法等，从而为自身的职业生涯规划提供参考和理性定位。

2. 拓宽学生生涯规划视野

人教版高中《英语》必修一中 Unit 5 “Nelson Mandela—a modern hero” 以埃利亚斯（Elias）的视角，讲述他与纳尔逊·曼德拉（Nelson Mandela）的交往经历和南非黑人所遭受的不公正待遇，以及他们争取种族平等的斗争历史，从而凸显纳尔逊·曼德拉的高贵品质。文本使学生充分意识到黑人为争取自由和平等权利而进行的艰苦卓绝的斗争，培养其不畏强暴的品质，引导其树立正确的人生观。学生了解到纳尔逊·曼德拉作为威特沃特斯兰德大学毕业的律师，为黑人的合法权益而奋斗会深受激励，面临专业选择时，无意中会思考：Why not carry on his good work？所以在这堂课中，教师可以在完成文本阅读后进行生涯教育，引导学生思考：To do a good job like him？ What major should I choose？在拓展活动中，教师可以与学生探究“生涯觉醒”板块的内容，让他们进行“专业透视”：职业的学科背景、职业的兴替、职业的抉择等。学生会初步了解不同的专业所学课程不同，培养的专业技能也不同，每一种职业都有其独特的职业素养；高中时代，学生应根据自身的职业规划，选择合适的学科和大学专业，培养职业素养；职业发展存在优胜劣汰的问题，科技进步的速度即职业兴替的速度；学生需要具备应对变化的能力，及时调整自己；在选择专业时要“知己知彼”，综合考量自身学科学习情况，明确学校培养方向、国家就业政策、经济社会形势等外部因素，从而为未来职业发展和幸福美好人生奠定基础。

3. 提高学生生涯担当意识

《课程标准》提出要关注学生的情感。学生在学习英语的过程中，要提高独立思考和判断的能力，发展与人沟通、合作的能力，增强跨文化理解和跨文化交际的能力，树立正确的人生观、世界观和价值观，培养高度的社会责任感，提高人文素养。这一理念与生涯教育不谋而合。所以，高中英语生涯教育肩负着立德树人的重任。在新型冠状病毒肺炎疫情期间，我国人民上下齐心协力抗击疫情，涌现出了众多感人事迹、生动故事，形成了丰富的教育资源。在生涯教育中，教师应引导学生树立正确的世界观、人生观、价值观，把个人的命运同祖国和民族的命运紧密地联系起来。在高中英语教学中，教师可以"疫情"为主线，紧密结合新型冠状病毒肺炎疫情防控形势，挖掘育人资源，确定"家国这堂课""生命这堂课""理性这堂课""生态这堂课""使命这堂课""初心这堂课"等主题，探讨不同课型中的生涯教育，潜移默化地引导学生将自己的学业、成长、就业、创业与立志结合起来，把国家的目标、社会的价值和个人的追求统一起来，树立远大理想，成为有责任担当的人。

（1）在英语阅读课中融入生涯教育

高考英语阅读理解试题选材趋于多样化、现代化和生活化，注重选用英文报刊中具有时效性的材料。在新型冠状病毒肺炎疫情防控期间，教师将《21世纪报》中有关"抗疫"的时效性材料融入课堂，引导学生坚定信心、共克时艰，使他们形成迎难而上的意识，树立爱国主义精神。

（2）在英语词汇课中融入生涯教育

教师对时效性文章进行"再造"，把高考核心词汇融入具有生涯教育内涵的语篇，如 Chinese Speed（《中国速度》）。通过重要词汇的呈现，在夯实教学质量的同时，激发学生的情感，升华其道德情操。

（3）在英语语法和写作中融入生涯教育

教师将"逆行者们勇于承担"的主题文章改编为语法填空和主题写作题（如感谢信等）。学生通过对"逆行者"的了解，产生共情，思考自身的世界观、人生观和价值观。

总之，在高中英语教学中，教师应重视英语学科的工具性和人文性的双重性质以及英语学科核心素养即语言能力、文化意识、思维品质、学习能力相互依存的整体性和相互融通性，有意识地将生涯教育贯穿日常教学，充分挖掘教材中的生涯教育资源，适时建立学生生涯发展记录册及学习成长评价表，践行陶行知"爱满天下”的理念，懂得教育艺术，因材施教，扬长补短；在英语教学中充分运用多元智能理论和生活教育理论，帮助学生正确认识自我、职业与专业，引导他们将学习与未来的生涯发展关联起来，树立规划意识、职业意识及正确的学习态度和人生观。

第三章 高中英语教学模式的创新

本章探讨高中英语教学模式的创新，分别介绍了四个方面的内容，依次是大数据下高中英语教学模式创新、新课改背景下高中英语教学模式创新、信息技术下高中英语教学模式创新、跨文化背景下高中英语教学模式创新。

第一节 大数据下高中英语教学模式创新

在信息时代的大背景下，大数据得到了前所未有的发展和关注，它已经与人们的工作、生活、学习有了深层次的融合，并获得了不错的效果。随着高等教育的逐渐普及，社会对中学教育更加重视，这就要求高中教学应该及时创新改进，建立以学生为中心的人才培养模式，尤其是在高中英语教学方面，大数据的应用与高中英语课程教学有效且高效的结合，可以促进高中英语教学目标的实现和教学质量的提高。但是现有基于大数据的高中英语教学模式仍然缺乏大数据应用基础系统等建设，高中英语教学理念和教学方案等方面仍然存在许多亟待解决的问题，英语教学评价体系也亟待进一步改进和完善。因此，基于大数据的高中英语教学模式研究对于英语课程标准中对学科核心素养建设和课程目标要求的实现具有很大的现实意义。

一、大数据的特点

大数据的特点主要有四个，行业内常常用四个“V”概括。V1. 数据量较大（Volume），能够储存的数据量非常大，已经用 TB 进行计算，甚至达到了 EB 的级别；V2. 数据类型多（Variety），数据分为结构性数据和非结构性数据，结构数据包括文本等，非结构性数据包括图片、音乐、视频等；V3. 价值密度较低（Value），价值密度越低，表示数据总量越大。譬如在一个视频当中，需要进行缓冲，随着互联网的高速发展，只需要一两秒就能够缓冲完毕；V4. 处理速度快（Velocity），相较于传统数据有一定的差距，在 2020 年，世界数据的使用量已经达到了 35.22ZB，这是一个非常庞大的数据，但是计算机处理起来依然非常快。

二、现有基于大数据的高中英语教学模式的不足

随着我国义务教育的发展，越来越多的人开始关注高中生的培养，尤其是在现有大数据影响下的高中英语教学研究。加强对大数据在高中英语教学中的应用研究，实现更加适合学生培养和相关教育工作者成功授课，具有积极的推动作用。但是现有大数据在英语教学的应用仍然处于起步阶段，在模式构建过程中存在许多有待进一步探究的问题，下面就现有大数据的高中英语教学模式不足之处总结如以下几个方面。

（一）高中英语教师教学思想转变较慢

高中英语教师担负着较重的教学任务，承受着较大的教学压力。随着大数据在高中教学中的应用越来越广泛，高中英语教师必须尽快转变教学的思想，尤其是要注重以人为本，因材施教，使学生尽快掌握专业知识，从而更好地开展英语教学活动。现有高中英语教师教学理念转变仍然较慢，英语网络教育信息系统等形同虚设，为此，转变专业教师教学理念和思想就显得尤为必要。现在普通授课方式已经不能够很好地为学生和老师服务，这就要求我们教师去采用一些慕课或者远程授课等新型教学模式来改变传统古板的教学模式，从而推动高中英语教学的有效改革和发展。

（二）学习平台少，且不具有足够的优越性

基于大数据的高中英语教学模式的推行，需要相配套的学习平台的辅助，也需要老师通过相互合作的学习平台，让学生在愉悦的学习状态下掌握知识，更可以利用学习平台上提供的互动功能，促使学生将需要、动机、兴趣、情感、意志

等非智力因素运用于具有挑战性的高中英语学习活动之中，体验挑战成功的成就感。同时，这也是一个“探究”“发现”“经历”知识的机会，通过与教师、同学展开积极的合作与沟通，体会合作在学习中的价值与意义，并获得个人在高中英语学习活动中的成长。

（三）创新内容少，改革力度小

高中英语教师应该充分认识到大数据时代背景下的高中英语教学模式培养过程研究，尤其是要敢于基于大数据进行高中英语教学的创新研究的重要性。但是大多数教师对大数据认识较浅，在大数据影响下进行高中英语教学模式创新的能力有限，无法很好地处理传统教学方式方法和现代方式方法的衔接，导致教学效果并不是那么理想。高中英语教学方式方法的转变是现代教育改革的要求，也是现代高中英语教育教学转变的迫切需求。高中英语教师对待基于大数据的高中英语教学活动的认识参差不齐，真正给予学生自主学习高中英语的时间仍然是少之又少，至于组织学生讨论一定问题的机会也是不多，这对教师开展基于大数据的高中英语教学工作有阻碍作用。

三、构建基于大数据的高中英语教学模式的合理化建议

高中英语课程的开设对于接受高中英语教育的学生具有很大的现实意义，这影响着他们学习习惯和对汉语与英语文化背景差异性的认识，对他们高中英语学习成绩的提高具有至关重要的作用。与传统注重应试性教育的评价体系相比，现在高中教育培训更应该注重综合评价体系的形成，尤其是应该对基于大数据的高中英语教学模式进行探究，提升高中英语的教学质量。下面就构建基于大数据的高中英语教学模式提出以下几点合理化建议。

（一）深刻认识教学内容要求

依据课程标准的要求和教材内容，从学科思想方法和学习价值的角度，集思广益，初步列出高中学习目标。然后依据课标要求，围绕单元主题，结合单元话题内容，开放思路，集思广益，深入分析讨论教师期望学生获得的思维方法、知

识与技能、情感态度与价值观的同时，从事高中英语教学的教师应该分阶段结合学情分析，从而抓住学生需求，归纳梳理英语学习的三维目标。这就要求相关教育工作者采取一定的基于大数据处理的考核体系、方法来研究高中学生已有水平和现阶段思维特点，进而在教研活动中深入讨论，再进一步在多个学习目标中筛选、确定针对学生开展高中英语教学的新模式。

（二）引进关于大数据的高中英语教学继续教育培训

现在高中英语教师资源仍然比较紧张，特别是高一英语教师的课时和时间安排紧凑，使部分老师不能够很好地发挥个人能力，拥有更多的关于大数据时代背景下高中英语的继续教育培训机会。这就要求相关教育部门和人员加大师资配备，积极主动引进关于大数据背景下的高中英语继续教育培训，使教师接受高中英语最新领域的学习培训，进而将知识和能力传授给参与高中英语学习的学生。在充分利用现有资源的同时，教育培训机会对教师能力提升来说具有非常大的意义。这就是说这种教育培训机会可以更好地激励教师上进求学，更好地完成教育教学目标任务。为了更好地开展学校教师资源绩效管理，就应该继续加大师资配备，引进基于大数据时代背景下继续教育培训和知识讲座，使高中英语教师更好地适应基于大数据的高中英语教学模式的实践，并且不断完善和创新基于大数据的高中英语教学模式的内容。

四、基于大数据分析的高中英语分层教学模式

（一）相关概念概述

1. 大数据分析

大数据是指在社会发展过程中，对相关数据进行收集、组织并且处理所需要的非传统方式技术的总称。随着互联网的发展空间日益加大，尤其是在计算能力和产品更新中，已经给各行各业带来了巨大的冲击。

2. 分层教学的概念及分类

分层教学需要了解所有学生的差异，其中包括学生的学习成绩、发展潜力、

学习能力等。综合这些因素之后，将学生分为不同的层级，一般来说分三层，并对不同层级的学生设置不同的教学目标，目的是能够帮助学生取得进步，保证学生在课堂上都能够学到知识，满足学生的个性化需求，这也与因材施教的教学理念相符合。分层主要分为显性分层和隐性分层。在显性分层教学当中，充分考虑学生的学习成绩、能力水平、发展潜力等，将学生分为不同的层级，且需要打散原来的行政班级，这与大学的选修课教学有些类似。在隐性分层教学当中，不会打散原有的行政班级，而是在班级内部进行分层，这样对教师的要求也高，教师需要主观地认定学生的层级，对不同层级的学生使用不同的教学方式与教学目标。需要强调的是，分层对学生并不是公开的，以利于促进学生的个性化发展。分层教学是极为重要的。对于教师来说，分层教学便于教师更加深层级地了解学生，让不同学习状态的学生都能养成良好的学习习惯，教师可多与学生沟通，在了解学生的学习需求之后，开展针对性的教学活动，这对于提高课堂质量有着积极的意义。一般来说，在教学前期，教师必须尊重每个学生之间的差异，了解学生在学习中所面临的困难。在分层之后，就需要严格把控课堂节奏，合理运用教学设计，使基于不同层级的学生都能获得进步。把分层教学运用到中学教学中，以此激发学生的学习兴趣和学习潜力。一般来说，所指定的教学设计往往更加具有针对性和有效性，这有助于学生转变学习态度，激发学习兴趣，在与教师交谈的过程中，也能发现英语的魅力。分层教学后，不同的学生会有不同的学习目标，总的来说，大家都是在进步的过程中互相学习，在良好的学习氛围中提高自身学习成绩，树立学习信心，不断实现突破，从而爱上英语。

（二）基于大数据分析的高中英语分层教学模式实施

1. 课前自主学习阶段

在此阶段，主要是对教学对象、教学资源、前置任务学习单进行分层。

（1）教学对象分层

基于大数据背景下，将学生的学习成绩、日常表现以及学习态度进行总体评分，并将其上传到数据平台中进行分析，就能确定教学对象。结合学生的考试成绩、学习能力和日常表现将学生分为 A、B、C 三个层级。进入 A 层级的学生学习成绩较好、学习能力强、日常表现突出，基础知识牢固；而B层级的学生学习成绩一般，学习态度端正，有进步的空间；C层级的学生对英语的学习态度出现问题，没有学习兴趣，学习自主性不强，基础知识薄弱。

（2）教学资源分层

教学资源的视频时间一般为10分钟。找到优质的教学资源是非常重要的，教师可以在相关平台上进行大数据的搜索，找到合适的视频对学生进行有针对性的教学。每个层级学生的教学资源都是一样的，包括对目标文章词汇、语法的介绍。但是考虑每个层级之间学生的学习能力不同，所以在每个层级中的教学目标也不同。对于A层级的学生来说，必须要求全部掌握，必要时可以做一些课外的拓展；对于B层级的学生来说，对所有知识都需要基本掌握；对于C层级的学生来说，要掌握词汇等基础知识，转变学习态度。教师在选取教学资源时，要着重注意两个要点：首先，要选择生动、形象的教学资源，这有利于激发学生的学习兴趣；其次，需要选择内容突出、具有针对性的教学资源。

（3）前置任务学习单分层

随着互联网的高速发展，教师随时可以在网上收集到相关数据，再结合实际情况明确学习任务单内容，对不同层级的学生制订不同的任务。在任务学习单中，有适合各个层级学生的教学目标、阅读内容、题目测试等。A层级的学生需要完成具有一定难度的题目；B层级的学生需要完成中等难度的题目；C层级的学生需要完成基础性题目。目的是使学生通过题目激发自身的学习积极性，题目不宜选得太难。

2. 课中合作学习阶段

在此阶段中，主要包括教学目标分层、教学活动分层以及教学提问（互动）分层。

（1）教学目标分层

趋于同样的教学视频，需要为不同层级学生确定不同的教学目标。这就需要进行数据分析，将学生的学习能力与现有成绩上传到数据平台进行分析，明确掌握学生的学习情况后进行目标分层。对于C层级的学生，主要都是一些基础性的教学目标，是为了能够使该层级的学生转变学习态度，掌握一些基础性知识，主要包括对单词的正确读音，并对简单单词和短语进行听写，了解文章中的大致意思，转变学习态度；对于B层级的学生来说，在达到C层级学生教学目标的基础之上，还需要熟读文章，并了解文章的意思，有合作学习的意识；对于A层级的学生来说，除了需要达到B、C层级学生的教学目标之外，还能灵活应用文章内的单词和句型，并能够简单复述文章的含义，用英语表达自己对文章的理解。

（2）教学活动分层

对课堂教学活动也需要进行分层，通过小组合作的方式开展教学互动。一个小组内，可以由A、B、C三个不同层级的学生组成，需要由A层级的学生带动C层级的学生进行学习，且B层级学生有疑问可以问A层级的学生。一般来说，在这个活动中，会由简单到复杂，确保所有学生在课堂上都有所收获。

（3）提问分层

与C层级学生进行互动时，主要是帮助他们建立学习英语的自信心，学习兴趣可以慢慢培养，先转变学习态度；与B层级学生进行互动时，教师可以提出较难的问题，考查学生对文章的理解，往往经过总结后就能够得到答案；与A层级学生进行互动时，涉及文章的逻辑关系，体会作者所想要表达的思想感情，可以进行课外拓展练习，形成创造性思维。

3. 课后巩固阶段

（1）作业分层

对作业进行分层，由浅入深，分为三个等级，针对三个不同层级的学生。如果依旧采用传统的统一作业布置方式，会打击C层级学生的学习积极性，对A层级的学生会造成因为作业过于简单而骄傲自满的情绪，不利于以后的学习。

（2）评价分层

评价的过程主要通过数据的分析，综合评定学生在学习成绩、学习能力以及学习态度上是否出现了转变。评价主要是教师对学生的评价、学生自评以及学生互评，这样的评价方式具有综合性。教师可以将学生自评、学生互评的方式作为考量指标，在过程性评价以及终结性评价中采取鼓励的态度。对C层级的学生来说，不能只看学习成绩，还要看到他们的进步，多采用表扬式的评价；针对B层级的学生，教师要予以鼓励，对其不足之处也要指出来，促进他们进步；对A层级学生来说，需要进行竞争性评价，提高标准，要求该层级的学生，挖掘自身的潜能，拥有一定的竞争意识，为以后的学习打下良好的基础。

综上所述，在当前高速发展的社会背景下，通过“智慧课堂”的应用，可以在一定程度上加大高中英语分层教学的力度。随着近年来素质教育的长足发展，强调学生在课堂上的主体地位，并充分发挥教师的辅助作用，促进学生的个性化发展。无论是“智慧课堂”还是分层教学都是近年来新兴的教学理念，教师需要及时更新教学观念，挖掘不同层级学生中蕴含的潜力，确保每个学生在课堂上都能学到知识。为了提高英语成绩，提高课堂效率，通过分层式教学法可以实现精准化教学和个性化学习，实现“减负增效”“立德树人”的目标。

第二节　新课程下高中英语教学模式创新

一、新课程目标

（一）新课程目标的内容

基础教育改革的一个重要任务是使基础教育阶段各学科的课程目标具体化、标准化。各学科课程标准都对本学科的课程总目标和具体目标进行了明确的界定和阐述。《全日制义务教育普通高级中学英语课程标准》（以下简称《英语标准》）指出：“高中英语课程的总目标是使学生在义务教育阶段英语学习的基础上，进一步发展综合语言运用能力。综合语言运用能力的形成建立在语言技能、语言知识、情感态度、学习策略和文化意识等素养的整合发展基础之上。”也就是说，高中英语课程目标仍然是语言技能、语言知识、情感态度、学习策略和文化意识五个方面。

1. 语言技能

语言技能是语言运用能力的重要组成部分。高中英语课程要在全面提高学生听、说、读、写四项技能及其综合运用能力的前提下，着重培养学生理解与表达的能力，用英语获取信息、处理信息的能力，用英语分析问题、解决问题的能力等。

2. 语言知识

语言知识包括语音、词汇、语法、功能和话题五个方面的内容。语言知识是语言能力有机组成部分，是发展语言技能的重要基础。高中阶段语言知识的学习要以语用为目的，不能为了知识而学习知识。要把语言知识的学习与语言实践活动紧密结合起来。

3. 情感态度

情感态度指兴趣、动机、自信、意志和合作精神等影响学生学习过程和学习效果的相关因素以及在学习过程中逐渐形成的祖国意识和国际视野。保持积极的学习态度是英语学习成功的关键。在高中阶段，教师应引导学生将兴趣转化为稳定的学习动力，以使他们树立较强的自信心，形成克服困难的意志，乐于与他人合作，养成和谐与健康向上的品格。要通过英语学习使学生增强爱国主义意识，拓展国际视野。

4. 学习策略

学习策略指学生为了有效地学习语言和使用语言而采取的各种行动和步骤，以及指导学习行为的各种理念和认识。英语学习策略包括认知策略、调控策略、交际策略和资源策略等。认知策略是指学生为了完成具体学习任务而采取的步骤和方法；调控策略是指学生计划、实施、评价和调整学习过程或学习结果的策略；交际策略是指学生为了争取更多的交际机会，维持交际以及提高交际效果而采取的各种策略；资源策略是指学生合理并有效地利用多种媒体进行学习和运用英语的策略。高中英语课程应使学生逐步形成适合自己情况的学习策略，并能不断地调整自己的学习策略。

5. 文化意识

《全日制义务教育普通高中英语新课程标准》（教育部，2013）指出："高中英语课程的总目标是使学生在义务教育阶段英语学习的基础上，进一步明确英语学习的目的，发展自主学习和合作学习的能力；形成有效的英语学习策略；培养学生的综合语言运用能力。综合语言运用能力的形成建立在语言技能、语言知识、情感态度、学习策略和文化意识等素养整合发展的基础上。语言技能和语言知识是综合语言运用能力基础。情感态度是影响学生学习和发展的重要因素。学习策略是提高学习效率、发展自主学习能力的先决条件。文化意识则是得体运用语言的保障。”高中英语课程的总目标与上一轮课程改革相比，有了进步。上一轮突出的是语言的交际能力，那是从英语学科的工具性角度提出来的。这一次强调综合语言运用能力，将“文化意识”作为最新的高中英语课程的目标之一，凸现了语言的人文性。文化意识包括文化知识、文化理解、跨文化交际意识和能力等。接触和了解英语国家的文化有利于对英语的理解和使用，有利于加深对本国文化的理解和认识，有利于培养世界意识，有利于形成跨文化的交际能力。教师应根据学生的年龄特点和认知能力，逐步扩展文化知识的内容和范围。教学中涉及的有关英语国家的文化知识应与学生的日常生活、知识结构和认知水平等密切相关，并能激发学生学习英语文化的兴趣。要扩大学生接触外国文化的范围，帮助学生拓宽视野，使他们提高对中外文化异同的敏感性和鉴别能力，为发展跨文化交际能力打下良好的基础。

尽管高中阶段这五个方面的目标与义务教育阶段相同，但就具体项目而言，这些目标与义务教育阶段的目标还是有区别的：目标不仅体现在层次和水平方面，也体现在侧重点方面。

有的教师说，把语言技能和语言知识列为高中英语课程目标是理所当然的。由于外语学习与文化的密切关系，把文化意识列为课程目标也说得过去。但是，为什么要把情感态度和学习策略也列为英语课程的目标呢？下面我们分别讨论这两个问题。

（二）新课程目标中情感态度的重要性

本次基础教育课程改革的一个重要方面是关注学生情感态度的发展，把学生情感态度的培养渗透到学科教育和教学之中。基础教育阶段的英语课程不仅要发展学生的语言知识和语言技能，而且有责任培养学生积极向上的情感态度。由于情感态度的发展是一个长期的过程，所以在义务教育的基础上，高中英语课程应该进一步发展学生积极向上的情感态度。另外，高中阶段学生的独立思考能力和判断能力逐步形成，是他们形成情感态度和价值观的关键时期，所以在高中阶段引导学生形成积极向上的情感态度尤为重要。

尽管大家都能正确认识情感态度的重要性，但还是有一些教师对英语课程与情感态度之间的关系感到困惑。以下几点可以帮助大家解决这一困惑。

1. 语言与情感态度有密切关系

人类语言的重要功能之一是促进人际交往。人际交往就不可避免地要涉及人的情感态度。情感态度在很大程度上需要通过语言来表达和传递。沟通情感、解决情感问题也需要使用语言。恰当、合理地使用语言有助于沟通情感、增进友谊、改善人际关系。总之，语言与情感态度有着千丝万缕的联系。青少年学习外语的过程在很大程度上是学习如何使用外语，既然是使用外语，那么就不可避免地要涉及人际交往，并在交往过程中表达情感态度。比如在最常见的英语对话练习中，学生就需要表达自己的情感和理解对方的情感。与其他学科相比，语言学科与情感态度的关系更为密切。因此，英语课程在发展学生的情感态度方面还应发挥特殊的作用。

2. 情感态度对语言学习的结果有重要影响

情感态度不仅与语言有着千丝万缕的联系，而且在很多方面直接或间接影响语言学习，对外语学习的影响则更加明显。积极向上的情感、活泼开朗的个性有助于学生积极参加语言学习活动，获得更多的学习机会；强烈的学习动机、浓厚的学习兴趣和大胆的实践精神有利于学生提高学习效果；坚强的意志和较强的自信心有助于学生克服外语学习中遇到的困难。相反，很多消极的情感态度则影响语言学习。比如，过度的害羞心理和过于内向的性格不利于学生积极参与学习活动；过度的焦虑和胆怯心理不利于学生大胆地用外语表达，展现自己的语言知识和语言技能。大量的外语教学研究表明，解决情感问题有助于提高语言学习效果。消极情感如焦虑、害怕、羞涩、紧张、愤怒、沮丧、怀疑、厌恶等等，都影响学习潜力的正常发挥。如果学习者受消极情感影响太大，再好的教师、教材、教学方法也无济于事。与此相反，积极情感如自尊、自信、移情、动机、愉快、惊喜等能创造有利于学习的心理状态。

3. 情感态度本身就是学生全面发展的一个重要方面

基础教育阶段是青少年情感态度发展的重要时期。基础教育中的每一个阶段、每一门学科都应该关注学生的情感，帮助他们培养和发展积极向上的情感态度。有些教师认为，情感态度不是外语、数学、物理等专门学科的课程目标，而应该是思想品德课程的目标。显然，这是对情感态度的狭隘理解。从某个角度来说，情感态度确实不是语言教学的问题，甚至不是教育本身的问题，而是人的发展问题。但是，教育的重要目的之一也是促进人的发展。过去的教育过于强调大脑的理性和认知功能，而忽视了非理性方面的发展，造成“情感空白”。青少年的情感发展是多方面、多层次的，它必须渗透到青少年的学习和生活的各个方面。每一门课程都应该尽可能结合学科的特点，把培养和发展学生的情感融入平常的教育教学之中。自20世纪末以来，世界上很多国家或地区都进行了大规模的基础教育改革，制定了各种各样的课程标准。无论是语言学习领域的课程标准，还是其他学习领域的课程标准，都把情感态度列为重要的课程目标之一。

（三）新课程目标之间的关系

《英语标准》明确指出，五个方面的课程目标都围绕一个核心目标，即综合语言运用能力。也就是说，学生在这五个方面形成的素养，都是为了形成综合语言运用能力，而且最终都要体现在综合语言运用能力之中。同时，这五个方面的目标之间存在密不可分的联系。语言知识和语言技能是综合语言运用能力的基础，文化意识是正确理解语言和得体运用语言的重要条件，情感态度是影响学生学习和发展的重要因素，学习策略是提高学习效率、发展自主学习能力的先决条件。可以说，这五个方面缺一不可。

以上是对五个方面目标之间的关系的高度概括。实际上，这些方面之间的关系是非常复杂的，其中的任何两个方面之间都有千丝万缕的联系。语言知识与语言技能之间的关系是不言而喻的。只有语言知识而没有语言技能，学生是不能够使用语言的；而没有语言知识，学生也不可能表现出任何语言技能。语言知识与文化意识是相辅相成的。丰富的语言知识有助于学生更好地理解外国史及中外文化的差异，而较强的文化意识又能帮助学生更好地理解语言知识。积极向上的情感态度有利于语言知识和语言技能的学习，而学生在语言知识和语言技能方面的成就又能促进他们形成积极的情感态度。使用学习策略能够使学生增强学习语言知识和语言技能的效果，而丰富的语言知识和熟练的语言技能又能使学生在选择和使用学习策略方面具有更大的空间。

有的教师认为，把语言技能、语言知识和文化意识看作综合语言运用能力的有机组成部分是合情合理的，但为什么说情感态度和学习策略也是综合语言运用能力的组成部分呢？

其实，综合语言运用能力与五个方面的课程目标之间并不是简单的总体与部分之间的关系。也就是说，不能认为综合语言运用能力包括语言技能、语言知识、情感态度、学习策略和文化意识五个方面。《英语标准》明确指出，综合语言运用能力的形成要建立在这五个方面整合发展的基础之上。

二、新课程对高中英语教学模式的要求

为了体现教学大纲纲要关于改变教学模式与方法的课改要求，《英语标准》指出："高中英语课程的设计与实施要有利于学生优化英语学习方式，使他们通过观察、体验、探究等积极主动的学习方法，充分发挥自己的学习潜能，形成有效的学习策略，提高自主学习的能力；要有利于学生学会运用多种媒体和信息资源，拓宽学习渠道，形成具有个性的学习方法和风格。"在课程实施过程中，"高中英语教学要鼓励学生通过积极尝试、自我探究、自我发现和主动实践等学习方式，形成具有高中生特点的英语学习的过程与方法。"

改变教师教学模式的一个重要举措是，从以教师为中心的教学模式向以学生为中心的教学模式转变；从传授知识的教学模式向探究知识、发展能力的教学模式转变。因此，根据高中英语的学科特点，教师要鼓励学生通过体验、实践、讨论、合作和探究等方式，发展综合语言技能，要创造条件让学生能够探究他们自己感兴趣的问题并自主解决问题，要特别强调让学生在人际交往中得体地使用英语。

具体地讲，高中英语新课程的教学模式与方法应该具有以下特点。

第一，多数课堂活动以学生为主体，而不是以教师为主体。

第二，多数时间里，不是教师讲解、学生倾听的过程，而是教师与学生之间、学生与学生之间的互动过程。

第三，教师不是直截了当地把知识告诉学生，而是引导学生自己去发现知识。

第四，学生不是机械地记忆知识，而是运用所学英语语言知识去做一些具体的事情。

第五，学生不是整齐划一地按教师的要求做同样的事情，而是根据自己的学习需要，按自己的学习方式实现学习目标。

有的教师会问，高中英语的教学模式与方法有没有一个固定的模式可供参考？其实，高中英语教学模式与方法不可能有一个固定的模式。任何一成不变的模式都不可能满足不同学生的学习需求。教师要在充分领会新课程理念的基础上，挖掘自身的潜力，结合学生的实际需要，创造性地选择和设计自己的教学模式与方法。在选择和设计教学模式与方法的过程中，教师要注意以下几点。

第一，在教学模式与方法中应给学生留有空间，应有利于学生充分利用、分享已有的知识与经验，应有利于学生发挥创造力和想象力。

第二，应增加开放性的任务型活动和探究性的学习内容，使学生有机会表达自己的看法与观点。

第三，应有利于学生学会合作学习和发展与人沟通的能力。

第四，教学模式与方法应尽可能满足不同学生的学习需要，使所有的学生都能有所收益。

要给学生创造在真实语境中使用英语的机会，要使学生能够利用所学语言知识与技能完成类似或接近现实生活的各种任务。

三、新课改背景下高中英语教学模式创新

（一）课堂互动教学模式

1. 课堂互动教学模式的内涵

学生在学习中主动探究学习，主动自主合作学习，是一种重要的学生合作交流学习，也是现代英语的一种学习方式。这种模式旨在学生的学习过程中，为了顺利完成共同的一项学习任务，经历自主参与实践、探究、合作交流的三个共同过程，有明确集体责任感和工作分工的一种互助性学生合作交流学习。它特别强

调的是学生学习的一种主体性、亲历性、参与性与合作性。在学生实践交流学习以及实践交流活动中，可以充分发挥每个学生的优势，让学生能够更加积极、主动地参与，使学生能够对互动教学模式进行充分的理解，并成为课堂交流与沟通的主人。学生之间对各种问题的交流、验证、争论等，对于学生英语水平的提升都有较大的帮助。

在英语课堂中，特别是在新课程教学改革的大背景下，英语教师需要不断转换自身的角色，从之前的课堂主导者转变为课堂引导者，仔细认真探究研读现有的英语课程教材，巧妙运用问题疑难设疑，培养学生积极、自主参与各种具有探索性质的互动学习活动，这对培养学生学习基础知识的新思维和新视野，启迪和培养学生的各种创新意识、思维等可以起到一定的推动作用。

课堂互动教学模式主要是由英语教师利用已有的英语专业知识和课堂教学实践经验，新颖而独特地提出课堂教学问题，让学生解决教学问题，教师提出新课堂教学实践概念、新课堂教学实践思想、新课堂教学理论、新课堂教学实践理论、新课堂教学实践规律、新课堂教学方法等，培养学生的英语综合能力。

2. 课堂互动教学模式在高中英语教学中的运用策略

（1）课堂合作学习，促进师生互动

在当前的高中英语课堂教学中，要想实现良好的课堂师生互动，教师应注重学生与教师之间互动活动的有效性。在当前的英语课堂教学背景下，教师可以通过建立良好的师生合作平台来促进课堂上师生之间的交流，加强师生之间的互动。在实际的课堂教学活动过程中，教师可以通过组织学生主动进行师生交流和主动参与课堂师生合作学习，来有效打造一个能够促进课堂师生主动交流和参与互动的课堂学习平台。首先，在进行实际的课堂教学时，教师需要让每个学生充分地了解师生合作学习的主要任务，引导每个学生初步清楚并找到正确的课堂综合学习实践活动方向和方法。然后，通过课堂师生之间的交流与互动，引导学生初步确立自己的课堂英语学习目标，并在课堂中不断进行交流与沟通，使每个学生的课堂综合学习以及实践活动更加高效。

（2）借助实践活动，促进师生互动

在开展高中英语教学的过程中，加强师生之间的沟通互动可以通过积极采取组织学生参与实践英语活动的方式，不断丰富学生的英语学习体验，加深学生对高中英语基础知识的理解，提高学生对英语知识的综合运用能力。在英语课堂教学中，课堂往往是学生英语学习的主要活动地点，对英语知识的学习也往往局限在英语课堂内，教师在英语教学工作过程中也缺少与学生的沟通交流，这导致学生对英语基础知识学习的真实需求没有真正得到充分满足，进而直接造成了部分学生对英语知识的理解比较片面，不能真正地深入理解和真正掌握现代英语的基本内涵。而在英语课堂教学外积极开展英语教学实践活动，能够有效提高英语教学活动的趣味性，激发学生对英语学习的浓厚兴趣和热情，加强学生与英语教师之间的交流沟通，推出真正适合学生课堂学习的英语教学方式，提高课堂教学工作的效率。

（3）在阅读教学中融入词块教学法

在阅读教学中，教师要引导学生进行分析辨认、内化并吸收、应用、积累组合词块等一系列教学实践活动，深入分析研究通过以组合词块理论为教学主线培养学生阅读思维能力的有效途径，以及在阅读中以组合词块的逻辑输入与组合输出的阅读教学方法，探索设计出一条能够有效提高学生阅读思维能力的教学思路；在长期的英语阅读教学实践中，教师要结合词块理论设计丰富有效的阅读教学方法，使学生理解和掌握词块的基本定义，理解和掌握词块的基本结构，通过积极探索，引导学生发现、学习、积累和使用复合词块，从而使学生感受到词块教学法带来的阅读思维能力和学习思维能力的提高。

（4）采用多种教学方式开展词块学习

为了开展英语课堂互动教学，教师可以充分发挥词块阅读教学法在高中英语阅读教学中的引导作用，在实际的阅读教学中可以同时结合不同的词块教学方法来对英语词块知识进行灵活的训练运用，通过对这些英语词块知识进行多次反复的灵活学习与训练使用，能够在一定程度上加强学生对这些基础知识的正确理解与应用认识，使每个学生在实际学习中都能够学以致用。因此，在进行高中英语阅读词块教学中，教师需要不断地让学生进行英语词块的灵活复习与运用巩固，并且还可以通过结合背诵、默写、写作等多种形式训练来不断强化学生的高中英语阅读词块基础知识，使学生对自己所学的英语词块知识能够进行灵活的运用。例如，在教授教学人教版高中《英语》“Golbal warming”这一课时，教师可以为学生提供“come about”“take place”“subscribe to”“tend to”“go up”“result in”“be supposed to”等英语词块，进而促使学生在对英语课文的正确理解下对文章内容进行灵活复述，从而不断引导学生对英语词块进行灵活应用。

（5）利用思维导图，加强课堂问答训练

在英语课堂中，教师应重视课堂提问与学生回答的环节，调动学生的学习积极性，使学生能够充分投入英语课堂。教师的课堂提问能够使学生的口语水平得到提高，同时也可以使学生的思维紧跟教师，可以帮助学生掌握课本内容，同时也可以加强学生自身的语言能力。在对学生进行提问时，教师也应循序渐进，先通过简单的问题激活学生的大脑，之后教师通过对问题或文章进行深入的挖掘和分析，利用建立的思维导图中关键的词汇以及中心的教学知识，让学生讲述自身的观点和看法。通过一段时间的初步训练，教师可以根据课堂学习的实际情况调整教学的策略，逐渐地提高学生的听力和对英语的反应能力。教师在进行教学的过程中，可以采用日常生活中常见的一些问题，并利用这些日常生活中能够遇到的问题，将之情境式地带入教学，这样可以帮助学生快速地提高英语口语能力和英语表达能力。

（二）自主学习教学模式

1. 新课程下高中英语自主学习教学模式的应用意义

自主学习教学作为新课程理念积极倡导的一种授课模式，将之应用于高中英语课堂教学中，有着重大意义。

首先，自主学习教学模式，强调以生为本，要求教师在授课过程，注重对学生学习积极性和主动性的激发，这种授课方式，有利于发挥学生的学习自主性思维，对于强化自主学习能力，进而提升知识学习能力，有着重大的帮助作用。

其次，相比于传统教师为主体的教学模式，自主学习教学模式注重师生在课堂上的互动，这对于构建和谐课堂，促进良好师生关系的建立，也非常有利。

再者，自主学习教学模式作为新课程理念下新型授课模式的代表，将之应用到高中英语课堂，能够使得教学满足新课程改革标准的要求，是实现素质教育教学目标的必然选择；同时自主学习教学模式的应用，能够促进学生的全面发展，从而培育出新时代所需要的人才。

2. 自主学习的教学模式的内容

教师在进行高中生英语教学的过程中，会存在很多的影响因素，大部分学生会觉得英语是一门比较复杂的学科，不愿意学习英语知识，在课堂上缺乏学习英语的良好氛围。这就需要教师正确地引导学生，让学生首先对英语产生兴趣，才能进行自主性的学习。学生只有发自内心地喜欢上英语，才能提高英语学习成绩。下面将为大家介绍新课程下设计高中英语自主学习的教学模式应注意的几个方面。

（1）培养学生自主学习的兴趣

今天的高中英语教科书中的内容出现了很大的改变，主要目的是增强学生对于英语的好奇心和接受度，增强学生学习英语的积极性。当学生对英语产生了好奇心和兴趣，就可以顺势引导学生进行英语的自主学习。在我们的生活中，也可以随时随地进行英语的学习，因为生活中也会有很多地方涉及英语，学生可以从身边的事物着手，练习英语的发音。学生拥有了自主学习的能力就可以随时获得新的知识。在进行高中生英语自主学习能力培养时，教师可以从这几个方面入手：①培养学生在平时的沟通交流中使用英语，满足日常交流需求；②具备采用英语进行信息获取和处理信息的能力，可以通过阅读书籍和报刊的方式实现；③培养学生形成正确的思维方式，能够对问题进行正确的分析和处理。

（2）利用情景教学方式提高学生自主学习的能力

情景教学方式将教与学有效地结合在一起，教学在教学的过程中，改变了传统的教学观念和教学方式，为有效激发学生对于英语的兴趣，增强学生的动手操作能力，教师在教学过程中对实验操作、视觉效果、语言表达、动作模仿等方式进行合理的运用，为学生营造不同的教学情景，有效地提高了学生的学习效果。教师利用多媒体进行教学，将理论知识抽象化表现。例如，在上多媒体课之前，可以搜寻一些具有典型代表人们生活的图片，在课上，教师可以利用这些图片引导学生对未来的生活充满向往，并且鼓励学生踊跃发言，用英语讲出自己的理想，这样就可以增强学生使用英语思维能力和英语沟通能力，教师再进行总结和分析，让学生对未来充满希望，有效提高课堂效率。同时结合课堂的内容进行讲解。另外，也可以采用音乐教学的方式调动学生学习的积极性。

（3）采用多样化教学方式，提高学生探究能力

每一节英语课堂上安排的教学内容和教师的教学方式将直接关系到学生吸取知识的程度。调查显示，大部分的教师为了节省课堂上的时间，会对教材上的知识点照念，这样会导致学生失去学习英语的兴趣。作为高中英语教师要提高学生自主学习英语的能力，就要对多种多样的教学方式进行灵活运用，提高课堂氛围，提升学生学习英语的效果。

（4）夯实基础，优化学习方法

要实现高中生自主学习英语，就要使学生具备深厚的英语知识，能够掌握足够的英语词汇，对语法有充分的了解。如果学生的语言知识有限就会阻碍学生的语言学习活动。所以，教师要引导学生充实自己的语言知识量，阅读大量的书籍，打造良好的语言基础。在课上，教师要将知识点和教学重点传授给学生，引导学生采用合理、有效的英语自主学习方法，使学生轻松掌握英语知识。

（5）以学生为核心，提高学生主动探究性

教师要提高课堂上的教学效果，就要进行高效率的教学，要对以往的教学方式进行优化和创新，一切以学生为中心，引导学生积极学习英语。教师在授课前，可以让学生对于课本知识内容进行预习，并为学生提出若干问题。可以将学生进行分组，让小组内的学生对于不同的问题进行讨论。教师在讲课的过程中对学生进行问题的提问，让部分学生回答，部分学生评述，教师再进行合理的补充，这样就有效地增强了学生的自主探究性，提高了学生学习英语的主动性。

（6）课内外结合，提高学生的口语水平

良好的英语课堂学习氛围对学生学习英语的效果有直接的影响，所以，教师应该在基本的课堂教学基础上增加课外教学活动，进而激发学生的学习热情。教师可以在课外进行英语词汇游戏，学生能够在游戏的过程中获得英语知识。还可以缓解紧张的学习压力，让学生在张弛有度的学习氛围中提高学习效率。有条件的学校应该聘请一些外教来和学生进行沟通交流，增强学生对英语作为一门语言的认识。外教的教课方式一般都为小班，这样可以照顾到每位同学，增加学生与外教的交流机会。

3. 自主学习的教学模式在高中英语教学中的运用

在课堂上实施的英语自主学习课堂教学模式可以用一个流程来说明。这种教学流程主要包括确定学习目标、激发学习动机、预习新课、预习检查、合作学习、教师讲解、练习巩固、课堂小结等环节。同时发动学生去收集自己感兴趣的有关课文主题的学习资料，并将之带到课堂上进行交流。教师在学生自主学习过程中，主要起指导、启发、反馈和评价等作用。

（1）提前下发预习提纲。让学生对照课本和相应的资料，按预习提纲的要求预习。要求学生学会利用网络、图书馆等资源，并且记下预习过程中遇到的问题。

（2）上课开始时，教师先简要介绍本节课的学习目标，然后检查预习提纲上学习内容的完成情况。通过提问，对学生给出的正确回答要求陈述理由，询问其获取信息的方式等，对错误的回答引导学生找到正确的答案或要求其他学生给予纠正，说明做错的原因。

（3）让学生提问，也由全班学生举手来回答这些问题，个别难题让学生分组讨论。对于学生通过预习和讨论后不能解决的学习问题，教师进行启发式的重点讲解。

（4）在学生理解和初步掌握了课本的内容后，进行巩固练习。

（5）练习结束后，教师指导学生对本堂课的学习内容进行系统总结，把所学知识系统化、条理化。

（6）作业布置。引导学生在课外扩展和运用所学的语言知识和技能。

学生在英语学习方面的自主性决定了学生最终学习英语的成就。培养学生的自主学习能力成为新课程背景下英语教学改革的重点和目标之一。高中生在英语自主学习方面存在着学习兴趣和动机不强、不了解学习策略和方法等问题。通过在每堂课的教学过程中有效地组织学生进行学习策略训练和自主学习能力培养，使学生不断提高自主学习的能力，形成具有个性的学习方法和风格。

（三）生活化兴趣教学模式

1. 高中英语生活化教学的概念解读及其意义

高中英语生活化教学是指英语教师将生活作为开展英语教学的主要基础，将英语学习领域逐步由原先单一课堂教学不断向校园生活领域、家庭生活领域以及社会生活领域深入，从而改变传统高中英语过于单一的教学模式。高中英语生活化教学模式不仅使课程设置更加贴近中学生的日常生活实际，而且通过选择和使用各种生活化素材开展高中英语教学活动，这样可以有效激发中学生的学习兴趣。与此同时，高中英语生活化教学模式还可以将新课程英语教学要求和目标转化为作为生活主体的自我需求，进而帮助学生通过“在学习中生活、在生活中学习”以获得有益的知识。应该说，其本质上就是还原英语原本应有的生活面目，进而将学习英语的过程真正地成为经历生活的过程。通过对高中英语生活化教学的概念解读，我们可以发现其具有以下几点积极意义：第一，高中英语生活化教学通过创设生活化的教学情境，可以使师生在活跃的英语教学课堂中开展积极的交流和沟通。第二，在生活化的英语教学情境中可以有助于高中生开展自主的学习探索，进而改变传统英语教学的单向传播方式，让学生拥有自由表达、交流的权利。第三，由于高中英语生活化教学内容和高中生日常学习生活是紧密联系在一起的，从而可以更加容易激发高中生的学习兴趣和情感体验。

2. 生活化兴趣教学模式在高中英语教学中的运用

（1）创设生活化教学情境，提高英语课堂趣味性

在新课程背景下，高中英语教师不仅需要注重生活化教学，而且更需要强调生活化教学的趣味性。当前，由于教学改革不断深入使得当前我国高中英语教材在设计上已经和学生的日常生活日益密切，这就需要高中英语教师利用学生求知欲旺盛、好奇心强的鲜明特点，结合学生的具体实际来设计和创设更具生活化、兴趣化的高中英语教学情境，可以吸引学生更加主动地投入高中英语课堂教学活动中来。例如，我们在开展新人教版高中《英语》必修三 Unit 1 “Festivals around the world” 教学时，可以先引导学生讲出自己最喜欢的节日，然后教师继续要求学生使用英语介绍自己对最喜爱的节日的认识以及节日那天会做些什么，从而使学生积极参与到充满趣味的英语生活化教学中来。

（2）运用生活化教学手段，加强英语教学兴趣化

高中英语生活化兴趣教学模式需要借助教学手段来实现，在英语生活化兴趣教学过程中必须重视教学手段的设计，从而使英语教学过程中更具趣味性和生活

化的气息，使高中英语课堂教学在和现实生活保持密切联系的同时引导学生更加深入地参与英语课堂教学。因此，高中英语教师在开展生活化兴趣教学时，应该在联系学生日常生活的基础之上，运用诸如角色扮演、英语竞赛、小组讨论、课堂表演、对话小品、讲故事比赛及发言等生活化教学手段，从而为高中生提供更多运用英语进行表达的机会和平台，进而有助于高中生更好地锻炼口语组织能力和表达能力。例如，我们在开展新人教版高中《英语》必修二 Unit 2 “The Olympic Game” 教学时，就可以采取“现场播报”的新型生活化教学形式，组织高中生以小组的形式进行简单的分工，在课堂上模拟新闻记者对参赛运动员的采访、获取比赛信息、播报比赛新闻等，从而在提高学生自主探究能力的同时充分调动每一个学生的积极性。

（3）拓展生活化学习空间，激发学生的学习兴趣

高中英语生活化兴趣教学和其他英语教学方式的重要区别在于，其学习已不再仅仅局限于课堂上，而应逐步拓展到课后的生活化学习空间当中。通过拓展生活化的英语学习空间，将教师的教与学生的学融为一体，这样有助于大大地提高学生在课外学习英语和应用英语的积极性，提升学生英语水平和素养。因为，四十五分钟的课堂学习时间毕竟是有限的，再加上英语作为一种工具更需要在课外生活中实际运用，通过拓展生活化学习空间有助于巩固与应用课堂所学知识，而且可以帮助激发高中生主动学习和运用英语的兴趣。例如，我们可以要求学生在放学回家之后将生活中所接触到的物品以英语进行标记，并和同学们进行相互交流，进而使生活化英语学习空间可以延伸到课外、家中，从而激发学生的英语学习兴趣，真正实现高中英语的生活化兴趣教学。

（4）认真观察学生爱好，紧跟时代生活化热点

对于高中阶段的学生而言，由于其已经普遍建立了相对成熟的人生观、价值观和世界观。我们可以根据这一特点，在高中英语教学过程中认真观察他们的兴趣爱好，紧跟时代生活化热点进行教学设计，以增强高中英语教学的时代性，从而更好地激发他们的英语学习兴趣。例如，我们在开展新人教版高中《英语》必修一 Unit 5 “Nelson Mandela” 教学时，可以利用当年备受社会关注的美国总统特朗普的女儿伊万卡为其父亲助选时发表的一段演讲，在学生欣赏伊万卡优美语言

的同时，我们可以通过针对本单元的话题“a modern hero”，引导学生开展分组讨论“what qualities does a great person have？”

（四）“以学生为中心”教学模式

1.“以学生为中心”教育模式的概念

“以学生为中心”的教育模式起源于西方国家，该理念的核心是在课堂当中明确学生的主体地位，引导学生掌握课堂的主动权，满足学生的个性化及多元化需求。教师在“以学生为中心”的教育模式下扮演组织者和引导者的角色，在教学设计、思想和方法上都应考虑到学生的认知需求。学生在课堂上转变了传统模式下被动接受知识的状态，这是对学生主观能动性的有效激发。

2.“以学生为中心”教育模式的优势

首先，有利于调动学生的积极性。在教学过程中明确学生的中心地位，可以最大限度地激发学生的积极性，使教师的约束与限制得到最大限度的缓解，帮助学生在更加自由的环境中学习英语，避免其产生逆反心理。其次，有利于良好课堂氛围的营造。在“以学生为中心”教育模式下，学生和教师的互动会更加高效，有助于教师针对英语学习中遇到的问题展开深入研究和探讨。同时，学生能够提出自己的真实想法和质疑，增强独立思考能力与质疑能力，为综合素养发展打下基础。因此，教师应该逐步探索“以学生为中心”教育模式的实施路径，充分发挥其在实践中的推动作用，满足当前课程标准的要求。

3.“以学生为中心”的高中英语教学模式实施策略

（1）激发学习兴趣

对于学生学习兴趣的激发，是落实“以学生为中心”教学理念的基础与前提，可以使学生在高中英语学习中保持长久的内在动力，自主探索英语学科的魅力。高中英语的词汇量相对较大，而且语法知识、句式结构、阅读写作等难度较高，对于学生综合能力与素养提出了更高的要求。教师应该提升英语课堂教学的趣味性，营造欢乐、活跃的课堂氛围，防止学生在学习中产生枯燥乏味之感。在使学生兴趣的驱动下，能够自主寻找英语学习的规律及方法，提高学习效率。这就需要教师能够对学生的兴趣爱好进行调查分析，并在教学当中加以有效渗透，从而对学生的负面情绪加以有效缓解。尤其是在学习方法指导中，更要结合学生的认知特点，使其能够在好奇心的作用下积极投入到学习状态当中，尤其是在课前导入环节，更应该以丰富有趣的方式将学生快速带入到学习状态当中，真正达到寓教于乐的目的，减轻学生的英语学习负担。

（2）创设教学情境

教学情境在高中英语教学中的应用，也是提升学生自主性的关键措施，有利于“以学生为中心”教学模式的快速构建，体现学生在情境中的主体地位。同时，能够运用生动化的情境呈现复杂、抽象和零散的知识点，帮助学生降低记忆与理解难度，实现对英语知识的全面梳理与总结，构建完善的知识体系。相较于单一化的讲解而言，教学情境更具有立体化和多元化的特点，是引导学生提高学习专注度的有效方式。西方文化和中国文化在本质上存在较大的差异性，在文化情境下更容易掌握英语学习的要点，为跨文化学习创造良好的条件。因此，教师应该将英语知识相关背景融入教学情境，提升其多元性与丰富性，使学生在文化熏陶下提升英语学科的核心素养。同时，当前科学技术发展速度加快，网络信息技术和多媒体技术等在教学实践中的应用也越来越广泛，为教学情境的创设提供了保障。教师应该采用多种媒介形式呈现教学内容，增强学生在情境中的沉浸式体验，充分调动学生的视觉、听觉和触觉等，提高课堂学习效果。

（3）划分合作小组

除了应该培养学生的自主学习意识外，还要注重合作学习能力的培养，使其能够在合作学习中体现个人特长，激发自己的英语学习潜能。很多学习任务单纯依靠学生的个人力量通常难以高效完成，只有在合作学习模式下才能明确分工，加快学习目标的实现，提升英语综合能力与素养。相较于传统教学模式而言，合作学习的方式更能够增进学生的沟通交流，在与同龄人的探讨中更能提高自身的认知能力。同时，能够在小组内实现互相帮扶，引导学生学习他人的优点，弥补自己的不足，真正获得提高与进步。教师在对学生进行小组划分时，应该对学生的基本情况进行全面调查与分析，使学生能够在小组内承担相应的职责，增强合作学习的整体效果。确定小组讨论的主题，教师应该对讨论的方向进行有效引导，防止出现偏题等现象。鼓励小组代表发表讨论结果，同时教师要针对性地对其进行评价，了解学生的实际学习情况，实现对教学策略的有效调整，防止在教学中出现盲目性问题。

（4）构建网络平台

在当前信息化时代下，教师也应该逐渐转变传统的教学方式，应用信息化教学凸显学生的主体地位，这更加符合学生的认知需求特点。网络平台的构建有利于增进教师与学生、学生与学生之间的沟通互动，突破传统课堂的时间与空间限制，对传统课堂做到有效拓展和延伸。教师应该增强自身的信息化素养，借助微信和 QQ 等新媒体平台密切与学生的联系，及时获取学生的反馈信息，尤其需要对网络教学资源进行有效筛选与整合，使之与高中英语教学内容紧密结合在一起，以提升教学的实效性，防止由于过于依赖教材而对学生思维发展造成限制。微课视频是信息化发展的产物，能够在较短的时间内呈现教学重点与难点，防止学生在学习中出现注意力不集中的现象，提高课堂学习效率。在网络平台上及时完成微课视频的上传，以便学生开展在线学习，同时通过在线答疑的方式解决学生在英语学习中遇到的问题。在课堂上针对网络学习中的普遍性问题加以讲解，留出足够的时间用于学生的自主讨论与对话交际，构建完善的翻转课堂。

（5）优化师生关系

良好的师生关系，有利于学生主体性的体现，遵循以人为本的教学原则，为学生开展英语学习打下坚实的基础。在传统教学模式下，教师往往扮演高高在上的权威者，学生对教师存有畏惧心理，很多学习上的问题不敢向教师发问，长此以往导致问题增多，英语水平提升较为缓慢。因此，应该以和谐、民主、平等的师生关系构建为目标，增进与学生的平等交流，获得学生的信赖与支持，从而为“以学生为中心”教学模式的构建创造良好的课堂氛围。消除学生的畏惧心理和紧张情绪，使其能够在宽松、融洽的氛围中激发创造力与想象力。教师应该认识到学生在个体上的差异性，明确学生性格特点、学习能力的不同，采用分层教学方法为每一个学生设定相应的学习目标，在目标任务完成的过程中增强学习自信心与成就感。在学生回答问题的过程中，教师应该以鼓励式教育为主，避免对学生进行嘲讽与苛责。拉近学生与教师的关系，使学生掌握更多的课堂话语权，为教学任务的顺利完成奠定基础。

（7）开展实践教学

教育改革对于高中英语教学提出了新的要求，要以学生英语交际能力的提升作为基本目标，在帮助学生掌握丰富理论知识的同时，提升其能力素养。因此，教师应该加强对实践教学的重视，协调好理论教学与实践教学的关系，优化当前课堂体系，这也是实施“以学生为中心”教学模式的有效方式。教师应该注重对生活资源进行有效提取与整合，将生活化教学理念渗透在教学实践当中，消除学生在学习时的陌生感与疏离感，从而提高教学实效性。学生在熟悉的事物及话题的引导下，更能够加深对英语知识的理解，同时能够在实践中灵活运用所学知识。通过英语朗读比赛、辩论赛和角色扮演活动等，使学生的听力和口语能力得到快速发展，成长为一个综合型人才。

综上所述，“以学生为中心”的教学模式能够为高中英语教学注入新的活力，体现学生在课堂中的主体性，增进教师与学生的互动，真正实现教学相长。在传统教学模式下，由于教学理念落后和教学方法单一等问题，导致教学质量和效率不高，这不符合现代化教育发展的趋势。为此，应该通过激发学习兴趣、创设教学情境、划分合作小组、构建网络平台、优化师生关系和开展实践教学等途径，落实“以学生为中心”教学模式的要求，提升学生的英语水平。

第三节　信息技术下高中英语教学模式创新

20 世纪开始，进入了信息技术的高速发展时期，因特网以不可思议的速度迅速发展蔓延，触角延伸到人们社会生活的各个角落，改变着人们的生活、工作和学习方式。信息技术的发展为教育注入了新的活力，给予人们全新的学习理念，从而衍生了一种全新的学习方式。

随着时代的不断发展，越来越多先进的技术应用于人们的生产和生活中，并在一定程度上改变了人们的思维方式。在教育方面，新技术的引入对传统的教学模式产生了巨大的冲击。结合高中英语课堂教学的实际情况来看，现阶段很多高中英语教师运用先进的互联网技术助力于英语教学，并取得了一定的效果。如何运用现代化的互联网技术构建高效课堂，是广大高中英语教学工作者应当认真思考的一个问题。

一、传统高中英语教学课堂的弊病分析

（一）学生的学习主动性不强

教育界有关人士的调查研究显示，现阶段我国高中生对于英语学科学习的主动性不是很高，没有积极主动地参与到英语课堂中。在高中阶段，学生普遍面临着高考的压力，英语学科虽然在高考中占比较重，但是由于该学科的特点，要想学好英语学科，就要进行大量的机械性记忆。从高中英语教学工作者的角度来看，现阶段很多英语教师在进行教学活动的过程中，完全按照教学计划进行，并且以灌输式的方式来主导英语课堂。结合我国高中生的普遍特点来看，机械性地记忆英语单词，会让学生产生严重的逆反心理以及对英语学科的抵触情绪，也不能营造轻松愉快的教学氛围，让学生在学习英语的过程中感到紧张。在传统的教学方式中，学生很少有机会能够主动参与到英语课堂中，并且学生很容易与教师产生矛盾。经过调查研究发现，在传统的教学模式下，一部分学生对英语教师产生厌恶情绪，随着时间的推移，对英语教师的厌恶情绪逐渐转变为对整个英语学科的厌恶情绪，从而极大地浪费了学校的教学资源，也浪费了相关的英语教学工作者的时间和精力。

（二）课堂教学方式单一

由于我国的高中生普遍面临着高考压力，在高中阶段的教育活动中，各学科的教学都围绕着高考指挥棒来进行。结合高中英语课堂的实际特点来看，在实际教育活动中，高中英语教学工作者经常围绕着历年高考真题来展开教学工作。每一个教学步骤都致力于提高学生的英语成绩，培养学生的答题技巧。在现阶段的高中英语课堂上，教师让学生进行大量的习题演练，以培养学生应付考试的能力。还有部分高中英语教师，让学生用死记硬背的方法记忆英语单词。以上这些现象，充分说明了现阶段我国高中英语教学的方式是极为单一的。虽然我国高中英语教学模式有助于提高学生的高考成绩，但是从长远来看，传统的英语教学模式不利

于学生提高英语能力，也不利于培养学生的英语学科核心素养。在传统教学模式的影响下，出现了很多高分低能的现象。这些现象主要表现为：学生虽具有很高的英语成绩，但是不能用英语与外国友人进行交流，这种现象值得我国英语教育工作者认真思考。现阶段高中英语课堂机械化、枯燥化的特点已经让很多学生在英语学习的过程中感到吃力，并且也不能培养学生运用所学英语知识解决生活中实际问题的能力，与素质教育理念背道而驰。

（三）课堂教学资源不够丰富

在任何学科的教学活动中，教师的专业水平与教学资源的丰富程度直接影响着最终的教学效果。从我国高中英语教学来看，在一些经济发达的地区，一些高中学校邀请外教来对学生进行授课，从而很大程度上提升了学生的英语能力，并且能够让学生拥有更多的交流机会，以全面培养学生的英语学科核心素养。但是由于我国的国情特点，并不是每个地区经济都十分发达，在很多经济不发达的地区，英语教学资源相对匮乏，优秀的教师资源也难以进行共享，从而极大地限制了高中英语教学质量的整体提升。随着时代的不断发展，先进的多媒体技术已应用于高中英语教学中，但是很多高中学校的英语教师对于先进的多媒体技术认识程度不够，不能采取合理而有效的措施，将多媒体技术融到自身的教学工作中，还有一部分高中教师为了应付上级的检查，在运用多媒体技术进行课堂教学的过程中流于形式，从而大大降低了教学效果。结合英语学科本身的特点，该学科要求学生掌握大量的词汇，并且积极了解有关国家的文化以及风俗，如果不能够在英语教学中，引入大量的教学资源，则很难达到预定的教学效果。在丰富教学资源这一方面，我国相关高中学校以及高中的英语教学工作者还有很长的路要走。

（四）英语教师信息化水平较低

虽然先进的互联网技术已经走入了千家万户，在“互联网 +”的大背景下，高中的英语教学工作者有很多种选择。但是，现阶段我国很多高中英语教学工作者根据自己以往的经验，认为只要采取合理的措施提高学生的学习成绩就算是完成了英语教学任务，至于能否掌握先进的信息技术对于英语教学工作的完成没有什么实际意义。在这种思想的指导下，我国高中学校的英语教学工作者很少主动提升自己的信息化水平，也不去主动了解最新的互联网技术。从我国高中学校英语教学工作者的年龄特点来看，高中英语教师的年龄普遍在 40 岁以上，而这类人群在接受信息化技术的过程中存在障碍，这种现象也制约了互联网技术在高中英语教学中的全面推广，阻碍了我国英语教学事业的发展。同时，由于高中英语教师的信息化水平比较低，也间接地对高中生产生了影响。高中英语教师不重视信息化技术的发展，也让学生认识不到先进的信息化技术对于英语学习的促进作用。根据高中实际特点来看，其正处于好奇心强并且具有一定探索能力的年龄阶段，如果高中生都能够认识到信息化技术的重要性，并且运用合理的方式，在英语学习中使用互联网平台，则可以最大程度地提升英语学习的效果。但现实情况是，高中的英语教学工作者受传统教育观念的影响，认识不到信息化技术的重要性，反而认为使用现代化的信息技术容易耽误学习时间，在英语教学工作者错误观念的引导下，学生也不去主动探索如何在英语学习中运用现代的信息化技术。

二、信息技术下英语教学创新模式应用要点

（一）运用先进的互联网信息技术进行高中英语教学的实践活动

从相关教育人士对高中英语教材教学内容的分析来看，在高中英语教学中涉及很多方面以及很多领域，涵盖了科学、文化、体育等多方面的内容，由于高中英语教学的这种特点，如果在教学中还沿用传统的教学模式，则很难让高中生对教材内容有深入的理解。如果相关的高中英语教学工作者在教学活动中充分运用互联网技术，则可以通过先进的互联网技术将英语课堂教学内容变得生动起来，同时，英语教师也可以运用互联网创造学习情境，让学生们在学习英语知识的过程中有一种身临其境的感觉，从而加强对教材内容的理解与记忆。

（二）运用互联网信息技术进行高中英语教学的课外延伸

根据部分教育工作者的实践研究表明，学生在学习英语学科的过程中，提升阅读理解能力是极为必要的。从英语学科本身的特点来看，在学习英语学科的过

程中，要培养学生听、说、读、写等方面的能力，而提升学生的阅读理解能力是提升其他各方面能力的基础，因此，对于学生阅读理解能力的考查在英语考试中占有重要的地位。虽然阅读理解能力是英语能力的重要体现，但是在传统的教学模式中，相关的英语教育工作者无法采取有效的措施全面提升学生的阅读理解能力，并且无法及时对该能力进行检测。在英语文章中有很多名词，学生在学习这些名词的过程中容易出现概念混淆以及不理解真正含义等现象，由于英语是一门外来的语言，出现这些现象是极为正常的。同时，相关的英语教学工作者应当认真研究合理的方案解决这类问题。随着互联网技术的不断引入，给解决上述问题带来了希望。英语教学工作者可以利用网络技术以及大数据手段，对同学们在阅读过程中出现的障碍词汇进行统计和分析，从而帮助学生们全面提升英语阅读能力。互联网信息技术可以作为高中英语教学的课程延伸，并在一定程度上能够帮助学生提高英语能力，进而培养学生的英语和核心素养。值得注意的是，相关的英语教学工作者在运用先进的互联网技术的过程中，一定要结合学生的特点，并且考虑到英语教学的实际情况，对课堂教学进行延伸，一定要保证延伸的内容能够被绝大多数学生所接受。

（三）运用先进的多媒体技术辅助教学

1. 利用多媒体作为载体，激发学生的学习兴趣

（1）利用多媒体，增加教学丰富性

在以往的教学中，由于教学辅助手段的单一性，教师往往通过书本，采用板书、口授等方式达到教学目的。但这种教学模式十分枯燥，很难引起学生的学习欲望，对高中英语教学水平的提高也造成了不良影响。如果利用多媒体作为教学载体，教师就可以通过网络上丰富的学习资源以及其良好的互交性营造一个有趣的课堂环境，进而激发学生的好奇心。在制作多媒体课件时，教师应将课本与多媒体有机结合，通过视频、音频或图片等向学生介绍知识，让学生主动吸收所学内容。

（2）利用多媒体，增加教学立体性

英语是一门实践性科目，主要由听说读写四部分构成，教师在教授知识时应

由浅入深，由易到难，循序渐进，逐步引导学生从简单的听说读写到复杂的学用结合。但在传统教学中，要做到这一点十分不易。由于教学模式的固化以及课程资源的陈旧，教师很难将教程以立体的形式向学生展示。而充分利用多媒体，能够有效改善单向平面的教学方式，创建亲和良好的学习环境，让学生从多角度全方位地去感受英语，学习英语。

2. 利用多媒体作为辅助，创设高中英语情景教学

（1）创设问题情景教学

教学不是教师单方面作为知识传播者而进行的独白式表演，而是学生和教师基于平等和谐的地位所进行的情感和知识碰撞。英语是一门建立在实际生活上的交流科目，学习的最终目的就是在遇到实际问题时能够加以灵活运用。因此利用多媒体模仿现实，进行高中英语问题情境式教育是英语教学模式中必不缺少的一环。教师在设置问题情境时，要切合实际，做到真实自然。

（2）创设活动教学情境

兴趣是最好的老师，即使是将要成年的高中生也会对有趣的课堂产生学习兴趣。而要想让教学课堂变得更加有趣，就离不开活动的设置。高中英语教师在充分理解教材后，可以抓住学生心理特点，以学生为主体，利用网络创设多种多样的活动，并以此来吸引学生，激发学生好奇心，让学生在探究生活的乐趣中深入学习。

3. 利用多媒体作为桥梁，发挥学生在教学中的主观能动性

在传统教学模式中，学生在大多数情况下都是作为知识的被动接受者，并没有发挥其在教学过程中的主动性。事实上，这种以教师为主体的教学模式很有可能会让学生对学习失去兴趣，甚至产生厌恶情绪，这对英语教学有着极大的消极影响。为了充分体现学生在教学中的主人翁地位，发挥学生在教学中的主观能动性，教师要善于利用多媒体作为桥梁，创新教学模式，结合课本内容，最大程度发挥出多媒体作为辅助手段的优势，培养学生自主学习能力。

要做到这一点，首先要建立良好的师生关系，这就要求教师把自己放到学生的对面，通过良好的交流，摆脱传统的独白式教学，从而实现知识共享，促进师生共同成长。其次，要充分利用多媒体，为学生自主学习创造平台。网络知识的

丰富和多样，让学生有机会直接与教师以外的知识接触，并以此拓宽自身视野，丰富自身内涵，进而激发主动学习的兴趣，发挥学生在教学中的主观能动性。

（四）运用互联网技术，营造课堂气氛

由于受到传统教育理念的影响，现阶段高中英语课堂的氛围十分严肃而紧张，这种现象对于学生积极学习英语知识是十分不利的。对此，高中学校以及英语教学工作者应当根据学生的实际特点，在充分了解学生心理的基础上，采取合理措施营造课堂氛围。从以往的课堂教学模式来看，英语教学工作者对学生进行评价时，由于无法快速统计每个学生的成绩，最终放弃了对学生的评价，让学生感受不到自己在英语学习过程中的进步，从而容易让学生产生对英语学科的厌恶心理。为了解决这一问题，相关的高中英语教学工作者可以考虑在评价过程中引入互联网技术，由于互联网技术具有高效性的特点，对于英语教学工作者及时评价学生起到至关重要的作用。相关的英语教学工作者，在教师活动开始之前，将班级所有学生的姓名做成 Excel 的小程序，然后在小程序里导入一些评价语。在课堂教学正式开始的时候，英语教师可以用 Excel 程序评价学生，而学生也可以看到教师对自己的评价以及考核分数，从而最大程度地调动参与课堂的积极性。学生同样可以分享英语学习的心得，并且及时了解其他同学的动态。先进的互联网技术，对于提升学生学习英语学科的积极性以及营造轻松愉快的课堂氛围有重要的意义，如果高中英语教学工作者能够合理地运用互联网技术，将使自身的教学工作事半功倍。

互联网技术的不断引入，让高中英语教学的教学理念以及教学方式发生了重大变革。对此，高中学校领导层以及高中英语教学工作者应当高度关注这种变革，并且提高对现代化信息技术的认识程度，从而根据学生的实际特点，不断地改进教学方式，以达到最好的教育教学效果。当然，互联网技术在引入的过程中还面临着一些问题，广大高中英语教师应当认真分析这些问题产生的原因，运用先进的互联网技术弥补传统教育模式中的不足之处，从而让学生积极主动地投入到英语学习中，为国家培养大量的英语人才。

三、信息技术下英语教学模式创新

（一）探究式教学模式

随着我国新课程英语教育改革的深入发展以及互联网信息技术的飞速发展，探究式英语教学受到了各国教育者的垂青，将信息技术教学与探究式英语教学模式有机结合，不仅是顺应我国素质教育课程改革的需要，更是高中英语个性化、科学化、现代化教学理念的践行。利用信息技术支撑高中英语教学是近年来教育界探讨的火热话题。在新课程改革大环境下，加入英语探究式教学内容设计，减少传统英语教学的僵化性、盲目性和随意性，增强学生探究式学习的积极性、主动性和互助交流性，提升探究式学习的效率，加强计算机网络技术与高中英语教学的科学、合理和实用整合是构建探究式教学模式的关键。但是如何在信息技术环境下进行高中英语探究式教学模式还处于研究、探讨和践行阶段。下面从高中英语探究式教学模式分析入手，植入信息技术现代化工具，建构基于信息化技术环境下高中英语探究式教学模式。

1. 高中英语探究式教学模式分析

基于信息技术环境下的高中英语探究式教学模式的建构，核心是“以学生为本位”，坚持以教师为主导，坚持个性化教学，同时以英语网络链接、英语 APP 学习软件、英语交流公众平台为辅助，营造和谐化、协作化以及良性化的学习氛围，使学生在英语信息收集、加工、分析、处理的过程中，逐步养成独立思考、合作共进、开拓创新的精神和能力，开启学生主动探究英语知识的动感模式。

2. 高中英语探究式教学模式的板块研究

（1）情境板块：因地制宜，深掘资源，科学设计探究性学习课程

英语研究性学习的流程包括：创设情境—学生选题—任务布置—任务驱动—研究学习。高中英语的探究式学习注重的是实际价值和效率。它通过网络技术软件的开发，植入新式课题背景，目的就是根据学校的地理资源、政策导向因地制宜，以现实化的情境创设，让学生耳濡目染学习，以实用性、可行性和科学性为原则，并通过各种方式激发学生英语学习兴趣。

（2）任务板块：发现问题，持之以恒，划分学习小组分析研究任务

英语课程改革倡导任务型教学途径，要求英语教师通过 WEB 网页设计、“互联网 +”、“第五媒体”、移动互联网创造性地设计学生活动，让学生通过媒体网络思考、调查、讨论、交流和合作等方式学习使用英语，完成学习任务。而小组合作学习是实现英语任务型教学、发展学生的综合语言运用能力（语言技能、语言知识、情感态度、学习策略、文化意识等）的有效途径，它强调以学生为中心，以学生的发展为本位，引导学生发现问题、解决问题，创新解决方案，让其树立不畏困难、持之以恒的决心，最终达到注重学生的全面发展与个性差异的有机统一的目的。

（3）资源板块：对症下药，预设资源，教师围绕任务引导学生学习

课堂教学不是简单地知识传授与接纳的过程，它是师生共同参与、共同讨论、共同鼓励的生命历程，是师生敞开心扉、和谐互动的过程，是活的生命体相互碰撞的过程，是一个不断生成“新知”的过程。为了避免学生们在网络探究过程中无的放矢，可为学生总结提供相关的英语学习网址、论坛、贴吧、APP 软件、微信公众平台、移动客户端进行英语探究。同时，更应注重提醒学生学会举一反三、突破教师传授的网络条件模式，自己运用网络搜索引擎进行资料查询和收集。英语的学习是一个动态生成的过程，因此，需要英语教师在教学的过程中为完成教学目标、突破英语重难点，进行有针对性的“预设”，并通过网络信息化工具围绕探究性任务引导学生学习。

（4）过程板块：自主探究，分工协作，提高学生的实践操作能力

网络板块管理注重学生利用自身已有的 QQ 工具、邮箱工具、微信工具、微博工具、朋友圈工具实现英语学习的自主探究和分工协作。探究过程的设计、组织、实施、运行是整个英语学习过程中最重要的环节，它强调师对生的导航引领，生与生的网上交流、协作与共享，以提高学生的实践操作能力。

（5）评价总结板块：评价总结，实现师生与生生间的交流共享。

教师与学生应对研究性的学习成果加以科学评价。做到评价主体真实可靠、评价手段新颖实用、评价方法灵活多变、评价标准统一科学、评价结果切实有效，实行师生互评、生生互评、自我评价多种方式相结合，并通过学生探究英语学习

下获得的相关价值水准的课题网页学术成果，进行总结和反思，最终反作用于实践平台。

总之，信息技术环境下高中英语探究式教学模式建构讲究的是教师利用网络页面精心“预设课堂”，学生利用计算机工具智慧生成有建设意义的学习学术成果，从而实现两者间的相辅相成、和谐共舞，塑造完美的高中英语教学课堂。

（二）泛读教学模式

1. 信息技术环境下高中英语泛读教学的意义

（1）网络资源丰富、题材新颖

相比传统的教材，网络资源具有信息覆盖量大、信息更新迅速的特点，其题材的涵盖设计经济、科技、教育、娱乐等各个方面，教师利用网络进行英语泛读教学，激发高中学生阅读兴趣的同时，还可以拓宽他们的知识面，让学生接触各种题材从而提高他们的适应能力，网络资源教学在一定程度上可以弥补传统教材所涵盖知识不足的缺陷。

（2）语言方面富有活力

网络上可提供大量的英文原版文章，这些文章的语言表达方式非常纯正，且包含一定的新词、谚语等，显示了使用英文国家一贯的用词用语习惯，让学生阅读这些文章有利于提高学生在实际生活中运用英语的能力。

（3）丰富高中英语泛读教学模式

信息技术环境下，教师可在网络上搜寻各种各样的教学资源，这些资源的形式也多种多样，可以是视频形式，也可以是音频形式，不再是单单的语言文字阅读教学。音像结合的形式为原本枯燥乏味的英语泛读教学增添趣味性，让学生在更生动的学习环境中感受语境，理解句子的含义。

2. 信息技术环境下高中英语泛读教学的实践应用

信息技术环境下，高中英语的泛读教学模式应是突出学生的主体地位，引导学生主动搜寻信息，分析材料信息，培养学生的发散性思维。

（1）实施任务驱动

传统的泛读教学最大的缺点就是教师在教学过程中处于主导地位，学生被动地接受知识，很少开动自身的思维。面对这样的情况，教师可以在课前自主设置多个任务，交由学生在课堂上完成。教师给以学生一定的时间，让他们通过自身的阅读思考以及小组内的讨论合作解决他所提出的问题，最后进行汇报总结。教师在设置任务时应注意由浅入深，由表面到本质，任务与任务之间形成一个梯度，一步一步加深难度，逐步开发学生的思维能力。

（2）训练学生的阅读技巧

学生在进行英语泛读时必然会碰到障碍，这些障碍有的是生词、有的是复杂句型，教师可以从 3 个方面入手训练学生的阅读技巧，化解这些障碍，从而提升学生的泛读能力。

①培养学生搜集信息能力

教师可以设置一个难度不高的细节问题，让学生通读全文搜寻答案。以人教版高中《英语》选修六 Unit 4“Global warming”为例，教师以“How many sources of energy can you list？”这样一个小问题，让学生在文章中找出答案并列举出来，通过类似的方法可以培养学生的略读以及跳读能力。

②培养学生分析能力

一篇文章中必然会出现学生没有见过的陌生词汇，生词是影响学生泛读读速的重要因素之一，教师在设置生词障碍时，可以是根据上下文即可猜测出含义的生词，也可以是完全不影响全文阅读进度的词，通过这种方式训练学生如何根据上下文的语境以及该生词在句中所处的位置来猜测生词的含义。

③探讨作者的写作意图或者情感态度

每篇文章都包含作者的写作意图或者情感态度，教师要求学生从整篇文章出发，根据材料中的关键线索，并结合自身的体验去有依据地推测作者的写作意图，从而提高学生的阅读理解水平。在“Global warming”一课中，教师可在学生读完整篇文章后，让学生探讨作者写这篇文章的意图，并结合自身的生活经历，对这篇材料中涉及的事实进行评价。

（3）开拓网络英语泛读教学平台

教师可自主建立一个网络英语学习平台，通过平台上传一些围绕教材的兼具知识性与趣味性的文章或者视频，让学生在课后进行自主学习。还是以“Global warming”为例，教师可在课前在网络上搜寻有关全球气候变暖的文章以及视频文件，上传到学习平台供学生阅读观看，同时通过聊天软件例如QQ群以及微信群等与学生进行交流，询问他们在阅读过程中遇到的问题并给予解答，教师通过网络学习平台为学生提供书本教材以外的阅读素材，从而拓宽学生的阅读面，提升他们的英语泛读能力。

第四节　跨文化背景下高中英语教学模式创新

一、跨文化的内涵

英语作为国际语言，被每个国家所重视，我国的英语教育主要是为了培养学生们具备语言应用能力和跨文化交际的能力。但是长时间以来，由于我国应试教育体制的原因，我国在英语教学中更注重的是对语法和词汇的学习，这样学习下来的学生很大程度缺少英语的跨文化意识，在使用英语的过程中，不能更好地施展英语才能。

近年来，我国高中英语新课标开始注重跨文化意识的培养，但是在真正落实的时候，仍存在了很多不足，所以，应从实施中遇到的问题、内容的合理化等方面进行深入的研究，并提出相应的解决方法，同时研究教学途径，目的在于帮助高中英语教学增强跨文化意识，解决学生的英美文化背景知识不足等问题。在高中英语教学过程中，要培养学生的跨文化交际能力，需要将文化教学和语言教学相结合。高中英语教师在课堂教学过程中，可以通过引导学生了解中西文化差异，在文化比较和文化交际等方面组织跨文化交际的高中英语教学活动，以此培养高中生的文化差异意识、文化空间意识，提高学生跨文化交际能力。

目前，高中英语教学如何培养学生的“文化意识”和“跨文化交际能力”一直是热门课题。从已有的研究来看，学者们较多地从内容上探讨文化教学，诸如从词汇、习俗、思维方式、价值观念等方面进行文化导入和文化渗透，但如何在实际教学中展开跨文化交际教学依然是一个有待深入研究的问题。

二、课程标准对跨文化能力的要求

长期以来，英语教学中重语言轻文化的现象相当普遍。但语言本身就是文化的一部分，完整的语言教学应该把语言教学和文化教学结合起来。2003年的《普通高中英语课程标准（实验）》将“文化意识”作为学生综合能力培养的重要组成部分，认为“文化意识”是“得体运用语言的保障”，要求根据高中生认知能力发展特点和学业发展需求，“特别注重提高学生用英语进行思维和表达的能力”，“形成跨文化交际的意识和基本的跨文化交际能力”。[①]实际上，这就是要求高中英语教学要将语言教学与文化教学结合起来。按照上述总体目标，高中英语课程标准针对七级和八级“文化意识”目标分别提出10项和6项具体的内容和标准。综合这些内容和标准，笔者认为，对高中阶段的学生而言，要想形成初步的跨文化交际能力，至少应具备五种能力：第一，了解英语国家政治、经济、文化、历史、地理等概况；第二，了解英语国家人们生活方式、宗教信仰、价值观念等行为和思维规范；第三，了解英语语言与其文化的关系及其文化特色；第四，学会文化比较，初步具备跨文化交际意识；第五，从语言表象中发现文化态度，形成正确的中外语言文化认识论。那么，究竟如何在实际教学中培养学生的跨文化交际能力，这是属于教学方法论的问题，应该基于跨文化交际的基本理论和基本步骤。

三、高中英语教学中培养学生跨文化能力的重要性

跨文化交际学涉及语言学、心理学、人类学、社会学、传播学等多个学科领域，跨文化交际活动的开展关系到学生人文素养和综合素质的提升。而英语作为高中阶段学生的必修课程，是融文化知识与文化交际于一体的学科，也是学生适应我国经济社会发展的需要，尤其是在知识经济背景下，全球范围内的政治、经济和文化交流越来越频繁，一个人仅仅具有听、说、读、写等基本素质还是远远不够的，还需要能够克服英语语用过程中的文化障碍，具备利用英语进行跨文化交际的能力。但是，由于东西方文化的巨大差异，学生跨文化交际能力的培养不

① 中华人民共和国教育部.普通高中英语课程标准（实验）[S].北京：人民教育出版社，2003.

是一朝一夕就能完成的，所以需要教师在英语的基础教育阶段就重视对学生跨文化交际能力的培养，让学生在英语学习中打破母语传统语言思维的影响，使学生能够主动探索、了解中西方的文化差异，进行有效的语言文化交流。具体体现在以下几点。

（一）跨文化语境教学能够培养学生理解外国文化的能力

因为不同国家的历史背景和文化背景不相同，学生如果想了解和学习西方国家的文化，就必须积极地学习英语。在高中英语教学中应用跨文化语境教学方式，能够提高学生理解国外文化的能力，进而进一步提升其英语能力。另外，高中英语教师应该充分利用英语课文的材料，在向学生讲授英语语言的过程中帮助学生逐渐理解国外文化。

（二）跨文化语境教学能够提升高中生语言交际的能力

在高中英语教学中运用跨文化语境的教学方式能够在一定程度上提高学生运用语言的能力，还可以增强学生利用语言交际的能力。在高中英语传统的课堂教学中，教师往往只是一味地对学生灌输英语知识，最主要的学习目标就是为了提高考试成绩。但是在新形势下，高中英语教师必须积极创新高中英语的教学模式和教学观念，注重发挥学生的主体作用，通过实施跨文化语境教学来帮助学生提高自身的英语应用能力和交际能力。

（三）跨文化语境教学有利于学生树立对英语国家文化的正确态度

众所周知，不同国家之间的文化都有属于自己的优点和缺点。因此教师在高中英语教学应用跨文化语境的过程中，必须要求学生对不同国家之间的文化差异予以足够的尊重。尽管我们不可能全部接受西方文化，但也不可以全部都将其否定。教师在教学过程中应该引导学生吸取西方文化中的精华，去其糟粕，帮助学生树立对待英语国家文化的正确态度。

（四）跨文化语境教学能够提高学生的自主学习能力

将跨文化语境教学模式应用于高中英语教学中，不仅可以帮助学生深入了解英语语言的学习，而且还有利于学生掌握语言学习的方法。不仅如此，跨文化语境教学还有利于学生自主学习能力的培养。高中英语教师应该在进行教学的过程中最大限度地发挥自身的主导作用，为学生研究英语语言提供相关资料，并对学生进行正确的指导，从而尽可能地提高学生掌握和理解英语语言的能力。教师还可以在课堂教学中开展模拟游戏、角色扮演等活动，使学生逐渐形成感知文化的能力。

四、高中英语教学模式中跨文化意识培养的教学途径

（一）增加多媒体技术的运用

在高中英语教学中，可以加入多媒体技术教学，通过投影仪有针对性地观看全英文的电影、短篇、情景剧等以让学生了解英语国家的文化，增强跨文化意识。高中英语老师可以通过主题形式进行授课，通过围绕这个主题进行相关的辅助教学的引入，在轻松活跃的气氛中就能够将这些文化知识吸收进来，而且能够帮助学生们更深入、更好地理解英语的内在文化，真正地实现了跨文化意识的培养。

（二）开展合作小组，布置相关任务

在教学中，可以为学生们设立专门的学习小组，通过布置相关的任务，让每个小组进行更深入的研究与探索，通过对相关任务的不断深入了解与探究，真正让学生从根本上去理解英语的文化。同学们查阅相关的资料就会涉及资料的来源，他们也会通过上网查阅外文资料、了解新闻相关资讯、查阅报纸期刊等，并且能够在这些资料中有判断性地选择更具有说服力的资料。

（三）加强学生课余活动，营造文化学习氛围

高中教学中，可以在具备条件的情况下组织学生多参加例如英语话剧表演、朗诵、演讲或模仿一类的比赛，通过让学生参与表演，切身地感受该角色的内心感受等，通过更深入地理解，才能更好地表现出来，不但能够让学生体会到参与的快乐，还能让学生主动地进行更深入的学习。创设这样的文化学习氛围，才能够让学生有更多的自主性，能更好地将语言学习与文化知识想融合。

五、高中英语跨文化交际教学模式的构建策略

1. 重视问题导入，培养学生的语言差异鉴别能力

在跨文化交际的教学实践中，有的学生对中西方的文化差异不够敏感，学习的积极性和主动性不是很强，这就需要英语教师在教学过程中要重视问题的导入，让学生带着问题进行探究性的学习，进而认识到中西方的文化差异，提高英语语用的针对性和准确性。

2. 加强文化比较，培养学生的文化意识

中西方之间的文化差异是非常大的，而且体现在社会经济生活的各个方面，如果教师仅是开展杂乱无章的教学，则不利于学生文化意识的培养，更不利于学生跨文化交际能力的提升。对此，高中英语教师要加强对学生的引导，让学生在英语学习过程中多加强中西方文化之间的比较，有针对性地培养学生的跨文化交际意识。

3. 模拟开展真实化的对话情景，引导学生多进行跨文化交流

为了更好地培养学生的跨文化交际能力，高中英语教师在教学实践中应当多设置一些情景对话活动，让学生将跨文化知识的学习同实际应用进行有效的结合，注重培养高中生更深层次的交际能力，让学生能够根据自己的学习所得开展基于不同文化情景的交际训练。例如，在关于“天气”这一对话活动中，中国人对于天气的谈话往往比较简单，而西方人则是比较频繁和深入，这时教师就可以结合授课当天的天气情况，设置几个基于西方文化背景下的天气对话活动，引导学生利用英语进行跨文化的交流，这对提高学生的跨文化交际能力往往能够产生事半功倍的效果。

4. 提高高中英语教师的跨文化交际素质

高中生跨文化交际能力的培养与提高，离不开高中英语教师的正确引导，因此高中英语教师要首先提高自身的文化素养，做到对跨文化语言知识的准确把握与传授，这样才能实现真正意义上的言传身教，促进学生跨文化交际能力的提升。对此，英语教师要不断扩大自己的文化知识范围，不断完善自身的跨文化知识体系，提高自身对于双重文化的理解、创新、批评能力，丰富跨文化交际教学的方

式与方法，进而充分调动学生在英语课堂上的学习热情，促进学生跨文化交际能力的提升。

总之，随着我国对外开放程度的扩大，英语在经济往来和外事交流等领域中的应用将会更加广泛，尤其是对跨文化交际能力方面的要求将会越来越高。这就要求高中英语教师在英语教学中不仅要重视听、说、读、写等基本能力的训练，还要提高对文化教育的重视程度，在英语教学实践中有针对性地培养学生的文化意识和交际能力，使之更好地适应社会对英语人才的现实需求。

5. 利用情境创设以文化差异问题为交际训练话题

当学生通过教材内容在英语课堂上完成了对国际文化的初步探索之后，学生对国际文化已经有了大致的了解，教师就可以开展一些跨文化交际的教学工作。通过情境创设法鼓励学生进行跨文化模拟交流，提高学生的语言运用能力和口语表达能力。教师可以将学生分为几个小组，搜集一些存在明显文化差异的话题，例如，礼貌（politeness）、隐私（privacy）、好客（hospitality）等等话题，鼓励学生围绕着这些话题的文化差异展开模拟交际对话。在模拟对话中，教师应该着重注意学生英语语法、词义的运用能力、国际文化的表现能力，以及能否正确掌握国际礼仪的使用方法，对学生不恰当和错误地运用和表达之处加以修正，并进行重点强化训练，以增强学生的英语跨文化交际能力，提高教师跨文化交际教学的效率。

6. 开展实践活动，拓展学生跨文化交际思维

教师在对学生进行跨文化交际教学时，应该打开教学思路，将教学场地从课堂延伸到日常，开展跨文化交际实践活动，强化学生的交际能力，拓展学生跨文化交际思维，使学生具备国际化的语言素质。教师可以组织学生参加一些国际文化活动，鼓励学生和国际友人进行交流和沟通，使学生能够近距离感受跨文化交际的快乐和成就感，在扩大交际圈的同时获得更多宝贵的实践经验。学生在实践沟通活动中，会发生各种各样的问题，比如语法错误导致词不达意，或者忽略了文化差异问题闹出笑话，等等。教师应该采取鼓励式教育，增强学生进行跨文化交际活动的自信心。失败的经历是学生的宝贵财富，使学生明确和总结自身的不足之处，针对学生的不足，教师在教学中再对学生进行强化训练，完善学生的英

语运用能力，扩展学生的国际文化知识，使学生能够不断超越自我，从而使学生具备优异的跨文化交际能力。

综上所述，跨文化交际教学是一种新型的高中教学理念，不仅可以有效提高教师的教学效率，也能最大程度地扩展学生的国际文化视野，实现学生将国际文化知识和英语表达能力完美运用于交际活动中。因此，教师在高中英语教学中应该深度挖掘教材中的文化内涵，将英语教学和跨文化教育紧密结合，提高学生的英语素养，从而使学生成长为国际化高素质人才。

第四章　高中英语教学方法的创新

本章主要探讨高中英语教学方法的创新，依次介绍了高中英语听力教学方法创新、高中英语词汇教学方法创新、高中英语阅读教学方法创新、高中英语写作教学方法创新。

第一节　高中英语听力教学方法的创新

一、英语听力教学的重要性

听力教学之所以重要，除了听力自身所具有的交流功能外，还将在听力能力形成的过程中为学生的成长带来如下好处。

（一）强化英语思维能力

英语听力教学不仅是学生某一项技能的学习，还培养了相关能力。更确切地说，它在锻炼学生听力能力的同时，还能够增强学生思维的活跃性。英语听力学习具备较强的系统性，在开展英语听力练习的过程中，它也涉及词汇、口语、听写等基本知识的学习。学生通过辨识、思考、评判，最后得出正确答案。听力活动帮助学生形成良好的英语思维，为学生更好地进行英语学习提供有效帮助。

（二）助力智力发展

相关研究显示，语言学习能够对大脑海马体产生有效刺激，使其获得进一步强化。而海马体与人体记忆以及新知识吸收能力有着密切关系，即海马体越大，记忆力就越好。在英语听力学习过程中，学生思维快速运转，可以促进海马体的有效扩大，从而为学生智力能力的不断提高提供有效助力。

（三）提升语言表达质量

语言表达质量就是通过对所说语言的有效修饰，使他人感受到文采风格。而通过英语听力教学可以使学生口语能力得到提高，学生使用地道的英语口语和高质量的语言与外国友人进行交流沟通会更加有效。这将有助于提高学生的认知、交流、创新能力，从而促进学生语言能力的全面发展。

二、高中英语听力教学现状

新高考背景下，高中英语教师对听力教学的重要性具有了更加深刻的认知，并针对听力教学进行了不断探究，但是因为缺少系统性的理论指导和受到经验主义教学的影响，听力教学探究效果并不理想。具体问题如下。

（一）缺少足够的课程安排

在高中英语教学过程中，教师过于注重对学生英语基础知识的不断巩固，在日常的课堂教学活动中，听力教学的课程安排十分有限。教师在听力教学方面缺少时间投入，通常都是在考前开展听力集中训练，而非在日常教学中给予学生循序渐进地引导，导致学生在英语听力学习方面有着诸多不足。

（二）缺少明确的教学目标

在高中英语教学过程中，听力教学作为其中的重要组成部分，需要设置独立、科学、明确的教学目标。但是在实际教学中，大部分教师并没有针对听力教学设置相关目标，只是针对教学内容制订了整体性目标。这容易导致无法提高英语听力教学效率和缺乏对听力教学的正确引导，教学重点以及难点得不到凸显，不利于听力教学的高质、高效开展。

（三）缺少有效的学习指导

教师在组织与开展高中英语听力教学的过程中，重知识轻能力，忽视了对学生学习方法的指导，未能帮助学生掌握恰当、科学的听力学法，不利于学生听力水平的提升。这样不仅无法保证学生课下的独立训练，还会对听力教学的良好、高效开展造成阻碍。

（四）缺少良好的学习环境

英语是一门语言性学科，而环境对语言性学科的优质学习起着至关重要的作用。但是在实际的教学过程中，很多教师并没有充分认识到这一点，导致汉语思维对学生影响过重，不利于学生英语听力学习能力的提高。

（五）缺少正确的学习态度

在高中英语听力学习过程中，学生对听力学习思想重视不足，学习心态过于放松，通常会受到教师自身教学态度和高考中相关内容所占分值的影响，不利于课堂教学效率的提高。新高考背景下，听力考查面临着新挑战，意味着学生面临着更多困难，如果缺少正确的学习态度，将进一步削弱学生的学习兴趣。

三、高中英语听力教学方法的创新路径

听力教学作为高中英语教学的重要内容，对学生英语核心素养的提升有着重要影响。所以在新高考背景下，面对新的要求，听力教学必须进行改革与创新。建议如下。

（一）拟订有针对性的、有效的教学大纲

培养学生的英语听力能力是一项需要长期坚持的工程。教师要统筹计划、安排高中 3 年的教学内容、每周听力课时数、不同年级的训练的侧重点和学生各个阶段必须达到的能力水平。教师应注重对各阶段的听力素材精心选择与设计，使学生能够在不断练习中树立主动开展听力学习的意识，为学生的英语听力学习提供充足的内在动力。同时，教师也要重视听力训练的成果检验，利用大数据对听力效果给予及时反馈，让学生了解自己的不足之处，明确训练方向，以保证所设置的教学目标有效实现。在高中阶段，教学目标分层次，教学任务有难易之别，通过系统性训练，学生将实现对语言基本规则的有效掌握与熟练运用。

（二）调动听力兴趣

在高中英语教学活动中，只是依靠教师教是不够的，这就需要教师能够在日常教学中注重对学生英语听力学习兴趣的激发，使其充分感受听力学习的乐趣，有效调动学生参与听力学习、训练的积极性。在实际的听力教学活动中，教师可以学生感兴趣的内容为依据，选择具备较强趣味性，以及可以有效吸引学生注意力的听力教材，将能够提高学生英语听力能力的教学素材和教学手段应用于整个教学活动中，为听力教学效果的不断增强奠定基础。

例如，在日常教学活动中，教师可以充分利用多媒体，将影视片、动画、图片等展示给学生。同时，因为高中阶段学生对篮球、流行音乐等相关文化有着浓厚兴趣，教师可以选用慢速英语广播，将与英美社会娱乐、体育相关的新闻作为听力材料。通过对相关材料的应用，不仅可以引导学生对相关的中外文化进行了解，还能够有效激发学生的好奇心，调动其开展学习与探究的积极性和自主性；而且在开展英语听力学习的过程中，学生懂得多听多说，会大力促进英语综合素养与能力的不断提高。此外，教师可以引导学生观看原声电影，电影中的台词语速正常，并且是日常生活中常用的，这样不仅可以提高其听力能力，还能够强化学生对英语的实际应用能力。而在引导学生进行观看之前，教师需要进行反复观看与研究，找到学生感兴趣的点，以充分发挥电影的辅助作用。同时，教师还可以组织学生定期开展听歌学英语、电影片段配音、英语歌唱活动等，在放松学生心情的同时，引导学生通过参与活动来了解与学习有关的较为经典的英文表达方式，提升学生的英语核心素养。

（三）注重学习指导

古语有云：“授人以鱼，不如授人以渔。”在教学过程中，听力教学应遵循基本的教学原则，在对语言知识进行传授的同时，注重对学生学习方法的指导，这样才能够对学生听力技巧有效锻炼，有效提高学生的听力能力，增强学习效果。在组织与开展英语听力教学活动时，教师应注重培养学生的以下能力：对听力材料的分析预测能力、听的过程中迅速获取细节并准确确定主题与意图的能力、参与学习活动的高度注意力。在听力教学过程中，教师不仅要引导学生抓住材料的中心大意，还要培养学生增强细节意识，提高学生对听力材料中重点信息的提取能力。要重视对长对话和独白的文章结构分析，这将会帮助学生快速领会文章中心大意；要对听力材料中的关键词汇给予关注，比如，but、first、now 等，将会帮助学生提高细节信息的获取能力。一旦学生掌握了这些能力之后，必定可以大大地提高他们听力答题的准确率。在听力学习中不断获得成功，学生就能深刻感受到听力学习的乐趣，就会对听力技巧进行主动总结与应用。所以，教师对学生学法的指导能帮助学生获取考题所设置问题的正确答案，增强学生听力学习的自信心，从而为学生听力水平的提升提供可靠保障。

（四）创设良好环境

在语言类学科学习过程中，学习环境对学习效果有着重要影响，所以在实际的英语听力教学活动中，教师应注重对良好听力环境的创设。不论是在课堂教学中，还是在课余时间，教师在与学生针对知识内容进行交流时，都应重视对英语的应用，并鼓励与引导学生应用英语开展互动与交流，以营造优质的学习氛围。教师通过对自身主导作用的充分发挥，尽可能为学生创造真实的语言环境，使学生能够集中注意力，了解、学习与掌握听力技巧。同时学校可以利用校园广播，播放各种有趣的和主题相关的积极上进的听力材料，如诗歌、朗诵、歌曲、美文欣赏等，使学生置身于良好的英语环境中。创设良好的英语语言环境能充分调动学生学习与应用英语的积极性，使其在不断倾听中形成良好的语感，提升英语表达能力。在不断地练习、积累中，学生将会更好地适应全程英语学习，得到有效的听力锻炼，并获得不断提升。

（五）优选听力材料

为了保证学生英语听力能力以及实际应用能力的提高，教师需要重视对听力材料的精心选择，并注意以下问题。

1. 选择适宜内容

首先，选择符合学生现阶段听力水平的短文或者是对话等素材，并且材料需要具备一定的思想性。其次，听力属于听与说的技能，具有现场互动交流的特性，所以素材的选择要区别于阅读性材料。地道的口头语言，应该是听力材料的主要构成部分。摒弃结构复杂的长句，慎用倾向于语法知识的句型。最后，对音频质量也要把好关。虽然教材以英式英语为主，而高考听力考试以美式英语为主，但是无论哪一种发音，音频材料中所用语言必须纯正。同理，授课教师也要保证课堂教学中朗读或是交流时语音的准确性。所选用的听力内容适宜教学的有效开展，必将最大限度地为教学质量提供有力保障。

2. 选择真实材料

听力学习材料要契合生活情境，要对实际场景的英语应用的内容进行录音。比如，机场或高铁的相关现场播报、英语频道新闻报道、涉及环保或是互助等正能量的演讲或国际交流会议片段，使之成为教学资源，无疑是非常有益于学生更好接轨现实生活，也有助于学生掌握实用的听力技能。教师养成收集与积累真实场景的听力素材的好习惯，并坚持使用这些丰富的真实材料，将助力学生英语听力水平的不断提升。

第二节　高中英语词汇教学方法创新

根据近几年的教学经验与实践，认识到高中阶段英语词汇的重要性，以下对英语词汇学习的创新教学方法作简要分析。

一、词汇在高中英语教学的重要性

社会交际的主要工具就是语言，语言是词汇和语法所构成的体系。语言的三大要素为语音、语法和词汇。词汇是语言学习的基础，语言学家 Wilkins 曾说过“Without vocabulary，nothing can be conveyed.”由此可见，语言的理解和语言的表达与词汇学习关系密切，没有词汇，便没有语言。

（一）高中英语词汇的特点

近年来，我国高中英语教学的重点主要在语法、语篇和学习方法等方面，对英语三大组成要素并不重视。而高中阶段的英语词汇教学又有自己的特点，首先，高中英语词汇量加大，课文中生词量的增加使学生对文章的理解难度加大，很多文章需要联系上下文才能理解词汇的含义；其次，英语词汇中一词多义现象很多，单词的读音与拼写差异较大，不利于学生对词汇的记忆；再次，英语词汇随着历史的演变，时代的进步及其他语言的影响而经常变化，其灵活性很大。

（二）高中英语词汇的重要性

词汇的学习是英语教学基础而重要的内容，在英语学习中，词汇相连组成句子，句子相连构成文章。学生对词汇教学是否看重，影响英语教学质量的好坏，也决定了学生是否有兴趣学习英语，尤其是高中偏理科的男同学。因此，词汇教学应在高中英语教学中引起高度重视。

研究证明，对英语词汇的掌握量越大，对文章的理解能力也就越强。这有利于高中生对考试中“阅读理解”一题分数的争取；也利于学生写作素材的积累，增强其语言运用能力；另外，学生的翻译能力也会提高，在口语交流中就能更好表达自己的思想。学生做题觉得简单了，自然而然，学习英语的自信心也会增强。

二、高中英语词汇教学的创新性教学方法

（一）归纳法

1. 归纳法在高中英语词汇教学中的重要性

在高中英语课堂教学中，教师要重视词法教学，引导学生联想、归纳词的用法、词义、近义词、形近词，不断积累，逐渐渗透，帮助学生建立词汇网，为英语学习打好词汇基础，尤其要重视动词和动词短语的用法，动词、名词和形容词、副词的近义辨析。另外要注意深层知识的渗透：要注意一词多义、一词多性和熟词生义及近义词的归纳辨析，建立英语词汇知识网络，多维度联想记忆，深层次掌握理解。

2. 归纳法在高中英语词汇教学中的具体运用

（1）一词多义

例如：常见的单词 observe，要让学生记住它常用的三个意思：观看（watch

carefully)、庆祝(celebrate)、遵守(obey)。常见的date作名词：日期、约会、年代、枣；做及物动词：确定日期、和……约会；做不及物动词：始于……。Due date预产期，valid date有效日期，black date黑枣、红枣，date sb.与某人约会。

(2)一词多性

例如：sound。①名词：声音 We camped with sound of the sea. ②动词：听起来，听上去；发声 It sounds reasonable. ③形容词：彻底的；健康的；稳固的；扎实的 He has a sound knowledge of science. ④副词：十分地；充分地；酣畅地 He was still sound asleep when I went in.

(3)熟词生义

在高考试卷中，有些单词虽然是学生熟悉的，但考查的却是学生不熟悉的意思。如果没有好好掌握单词含义的话，很可能会丢分。在讲解的过程中，教师要举一反三，以点带面，多为学生拓展熟词生义，积累词汇知识。例如：address。熟义：n. 地址；vt. 写地址。生义：解决，处理。The Coalition for the Homeless is an organization that seeks to address the needs of the homeless in the United States.(2019辽宁阅读)Coalition是一个寻求解决美国无家可归者的需求的组织。

(4)同义词归纳

在词汇教学中要时刻联想到同义词的归纳总结。讲到一个单词时，教师要引导学生识记或联想其他的同义、近义的词。例如：important本来是个很常见、很熟悉的单词，但同义词vital，significant学生就不太熟悉了，如果把这两个单词与important罗列在一起让学生记忆，不仅提高了学生词汇量的积累，还为书面表达中运用高级词汇打下了基础。此外，还可以用be of great importance/significance=be important，也加大了语法填空知识积累。诸如此类的词汇知识，都要通过课堂教学不断渗透，日益扩充。

(5)反义词对比

除了运用同义词归纳联想法教学词汇外，对于有些词还需要掌握其反义词。例如：老百姓：common people或者ordinary people，而common与ordinary

意思上又有区别。common：常见的，普通的，反义词rare：罕见的，稀有的；ordinary：普通的，平凡的，反义词special：特殊的，这样学生就能很容易区分它们的用法了。同时，还可以把ordinary与extraordinary进行对比，让学生明白extraordinary其实是extra和ordinary的复合名词，就是给ordinary前面加了extra（额外的）这个单词，也就帮助学生记住了长单词extraordinary的拼写。

（6）形近词辨析

经常可以发现学生总是容易把拼写相似的单词搞混淆，进而导致句意理解偏差，做题出错。因此，在词汇教学中，教师要及时提醒，随时分析，帮助学生区别开长得像的单词。例如：precious（珍贵的，=valuable）与previous（以前的=former）。envelope(n. 信封)与envelop(v. 覆盖)；principle(原则)与principal(大学校长)。

（二）联想教学法

1. 联想教学法概述

联想教学法为认知教学中的一种，是教学者通过引导学习者借用相近或相同特征的事物以达到巩固记忆的目的。具体来说，在高中英语词汇教学过程中，联想教学法是高中英语教师引导学生将新学习的词汇的各种特征，如形态、语音、语义等与以往获得的已储存于大脑中的语言系统联系起来，再在已有的语言系统中纳入新获得的英语词汇的一种教学方法。

2. 联想教学法在高中英语词汇教学中的必要性

（1）高中英语词汇教学现状分析

当前，我国高中英语词汇教学效率较低，学生英语学习兴趣较低，主要原因在于学生学习英语单词的效率较低，存在记忆快、遗忘快等问题，久而久之，则会打击学生英语学习信心，导致学生失去英语学习兴趣。因此，在高中英语词汇教学过程中，高中英语教师应积极探寻有效的词汇记忆方式，以充分调动学生的英语学习积极性。

（2）联想教学法在高中英语词汇教学中的作用

在高中英语词汇教学中，联想教学法是利用需要记忆的英语词汇与客观现实的联系，及英语学习材料中各部分间的内在联系进行记忆的教学方法。运用联想教学法不仅可帮助学生学习知识、增强词汇理解，还可帮助学生掌握良好的词汇记忆方法、开阔思路。

3. 联想教学法在高中英语词汇教学课程中的应用策略

（1）语音联想

语音联想教学法在高中英语词汇教学中可广泛地推广、应用，这是由于大多数英语词汇具有相同或相似的发音方式。高中英语教师在进行英语词汇教学时，可有意识地帮助学生进行语音联想，引导学生寻找新词汇与以往所学的旧词汇在发音上的联系，从而可达到事半功倍的效果，不仅可增加高中英语词汇学习的趣味性，还可促使学生英语学习更加轻松，提高学生的英语学习兴趣。如某高中英语教师在教授学生词汇时，指导学生根据发音方式定期整理词汇，这有助于学生不断更新知识结构，善于分辨具有相似发音的英语词汇的不同含义，从而显著提高了学生的英语学习水平。

（2）词义联想

词义联想教学法是一种引导学生学习、记忆英语词汇时根据英语词汇的反义、上下义及同义关系进行记忆的教学方法。词义联想教学法是一种帮助学生对词汇的记忆由一般到具体进行记忆的教学方法。在此教学过程中，学生需围绕相关记忆表象对具体词汇进行联想，识记联想。词义联想教学法可从同类词联想、反义词联想、上下义词联想进行开展。

（3）形态联想

高中英语教师在进行英语词汇教学时除可采取语音联想、词义联想外，还可采取形态联想教学策略。形态联想教学策略是一种教师引导学生根据词汇的组词规律进行联想，以加深对词汇的记忆的教学方法。英语词汇的组词规律主要包括合成法、派生法等常见的构词法。因此，高中英语教师在教学过程中应有意识地帮助学生记住常用的词根、词缀及词汇，这有利于学生通过合成联想与词缀联想方式学习、记忆英语词汇。

第三节　高中英语阅读教学方法创新

一、有效阅读教学的体现

（一）以任务为依托，激发学生主体参与

心理语言学认为，阅读过程并不是简单的信息传递和读者被动接受信息的过程。在此过程中，读者自始至终处于积极主动的状态，不停地对信息进行解码、加工和处理。因此，积极高效的阅读教学活动应该是一种学生主体参与，自我评价，自主发展的教学活动。在教学中教师应积极创设学生参与阅读活动的条件和氛围，给予学生明确的阅读目标，进行阅读方法的指导，达到优化阅读教学活动，培养阅读技能的目的。开展任务型阅读是实现这一目标的前提。

1. 任务型阅读活动的形式

这种运动形式分为独立型和小组合作型。独立型指阅读个体在明确具体任务后，积极、主动、独立完成某一阅读任务。小组合作型是小组成员通过合作、讨论共同完成某一阅读任务的互动式的学习形式，它面向全体学生，能从根本上调动学生参与的主动性，增加语言实践的机会；也有利于学生之间对阅读过程、阅读行为和阅读效果的信息反馈；小组成员间相互合作、讨论可以促进学生积极思维，开阔视野，有利于培养团队精神。

2. 任务型阅读教学的操作

任务型学习活动是一种以先完成任务，以目标为导向的活动，学生在活动中真实地使用语言，以达到完成任务或解决问题的目的。任务的形式可以是多种多样的。因此，教师应根据任务型教学设计原则设计、选择和整合好任务。阅读教学中的任务型学习活动可采用以下几种。

（1）问题导读

根据课文的主题内容，设计问题，布置阅读任务；或者利用阅读材料中现成的导读问题，启动学生运用认知结构接收新信息，完成教师提出的阅读任务。

教师应指导学生运用适当的阅读技巧，如略读和跳读来搜索、确定信息、找

出答案、解决问题。这样不但完成了阅读任务，而且培养了阅读技巧，为以后进一步的阅读打下良好的基础。

教师设计的导读问题是给学生的第一次阅读确定一个目标和任务，实现对阅读的监控，帮助学生建构初步的、模糊的全文语义图像，建立“自上而下”的信息加工机制。课文导读是设置悬念，引导学生去阅读，是进一步阅读的准备。因此导读问题不能太难，常常通过快速阅读（略读或跳读）直接能在文中找出答案，使学生马上感到读有所获，增强阅读全文的信心。

（2）填写图表

用图表呈现事物之间的关系或发展过程，有助于认知的条理化，其目的就是让学生获取较详细的篇章信息，帮助学生基本理解课文内容。事实上，高中英语教材的编写者在许多课文后设计了这类练习，教师可通过分类来作时间线，勾勒故事发展图，画树形图、网络图、柱状图等来帮助理清课文脉络，获取文章传递的主要信息。

（3）排列顺序

小说、故事、戏剧中的插叙、倒叙的写作手法会使阅读增加难度。在学生完成第一次阅读，了解文章大意的基础上，教师可给学生一些打乱顺序的句子，让他们或按时间的先后、情节的发展、事物的重要性或按某种需要、用途等排列顺序。让其带着排列顺序的任务进行二次阅读，对课文内容再认识、再理解，达到梳理全文信息的目的。

（4）找主题句

掌握文章的结构可帮助学生顺利完成阅读，了解整篇文章的主旨大意。找出每一自然段落的主题句可以培养学生综合、概括的能力。也可检查学生对文章的理解程度。

（5）段意配对

教师还可根据学生程度，调整难度，提供能归纳每段文章大意的词句，然后让学生迅速阅读课文找出每段的段落大意。这种阅读方式，能将学生迅速引入特定的情景中，找到阅读定位，获取信息，理解文意。

（6）人物评价

对阅读材料中的人物评价是检验学生对课文理解的深度，同时可以促进学生运用语言连贯表达思想能力的提高。

任务型阅读教学设计一定要体现以学生的“学”为中心，在确定任务时，必须充分考虑学生的认知和情感需求，挖掘教材内容。只有当学生感到教师布置的任务与他们的需求和身心发展相吻合时，阅读才会有意义。

（二）以活动为载体，培养学生的综合素质

阅读教学不能停留在培养阅读能力的层面上，应充分利用阅读教学过程中的3个阶段，即读前活动、读时活动和读后活动，使阅读教学交际化，使学生阅读信息输入和输出达到动态平衡，让学生的阅读和讨论交流相互交叉进行，从而不仅提高学生的阅读水平，又能较好地发挥学生的主观能动性，将接收的信息转变成交际活动的内容。要达此目的，教师应组织各种形式的活动，积极创设情景，为学生提供语言实践的机会。

1. 优化读前活动

开展富有创意的读前活动是阅读课的导入关键，教师要选择一些与课文话题相关的材料，运用适当的手段来激活学生与话题有关的图式知识，形成阅读前的心理准备，产生阅读的愿望。具体活动方式如下。

（1）设置“开放性”问题

设计与课文主题相关的话题，调查学生对该话题的态度、看法及了解程度，以引起学生对课文主题的关注和兴趣。

（2）话题讨论

现行高中英语教材在编排单元教学内容时确立了“一单元、一话题”的模式，因此阅读教学的第一步可以从围绕本单元话题的“热身”开始。利用课文的一些pre-reading discussion，组织学生进行讨论。通过讨论，使学生拓宽和加深对话题的了解，形成对阅读材料的有效预测。

（3）指导预测

预测机制是英语阅读中的一个重要因素，成功的预测可以使读者顺利地完成阅读。从某种程度上来说，阅读是读者不断预测又不断修正内容，形成新的预测的过程。阅读理解的步骤如图 4-3-1 所示。

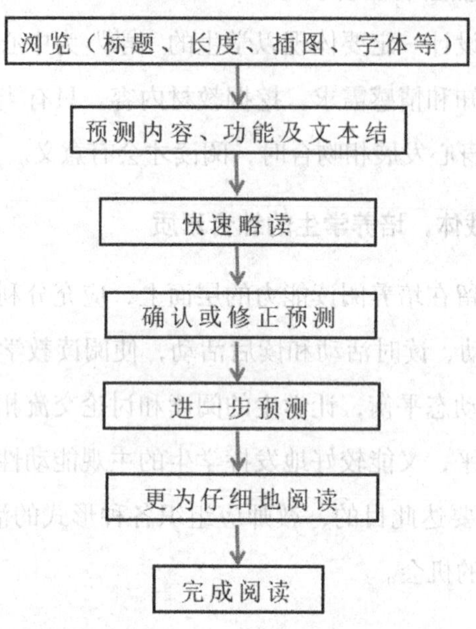

图 4-3-1 阅读理解的步骤

因此，教师应指导学生根据标题、副标题、图片、非文字提示等预测课文内容，然后组织学生写出他们对阅读内容的预测，看哪位学生的预测最接近原文，从而激发学生的阅读兴趣。

（4）脑力激荡

关键词与文章主题紧密相关，可精选一些关键词，启动脑力激荡，激活图式，引发学生的创造性思维。

2. 夯实读时活动

在这一阶段，教师将指导学生有目的地进行第一次阅读，通过完成概括主旨、确定段意、填写图表等一系列的任务，在整体上把握语篇，建立初步的语义图像。

在此基础上，教师要根据所学课文内容及文章的体裁引导学生开展一系列的语言实践活动，进一步理解课文内容，梳理文脉，培养和发展学生的思维能力，开发其智力。

（1）理解词义能力

学生在阅读过程中，不可避免地会遇到生词，难词。如何通过课文所提供的语言资料，快速准确地判断词义对于提高阅读速度，加强理解能力是十分重要的。教师应使学生明确提高理解词义能力的重要性，帮助学生分析推断词义，并将这一技能示范给学生。

第一，运用词语配对。词语是培养语篇阅读理解能力的基础。如果将词句知识独立于语篇的整体教学之外，语篇教学将是见木不见林的逐句释义教学，学生只能机械地接受，失去了对语篇的整体结构意义的掌握。教师不应独揽对某些词语（包括生词）的解释，而应将理解、解释的机会交给学生，要求他们在阅读文章中找出与所给词语意思相近成或相同的词语。把词语的理解融合在对阅读材料理解之中，达到进一步理解文章内容的目的。

第二，运用构词法掌握构词力强的前缀、后缀和词根的意思，辨认同义词、反义词。例如，前缀 dis-、un- 具有否定的意思；后缀往往可以词类转化。掌握这些构词法的规则很有必要，因为这也是一种阅读能力，教师应结合课文教学有意识地培养学生的推测词义的能力。

第三，上下文线索。课文中有些单词的意思在上下文中已经由作者下了定义或解释，没有必要呈现全部生词，只需要呈现那些对阅读理解形成重大障碍的生词，因为学生很快会在课文的语境中判断出生词的准确含义并熟悉它们的用法。另外，可以根据语义的转折关系、同位关系、因果关系等理解词义。许多阅读课文还配置了练习，让学生在阅读中领会这些“熟词生义”词所指代的内容，这有助于学生摄取语篇主要内容。引导学生在阅读中细心观察思考，培养学生良好的阅读习惯和逻辑思维能力。

（2）设疑质疑，拓展思维

开展研究性学习，鼓励学生提出自己的不同观点，大胆说出自己不懂的内容，主动解答阅读过程中出现的问题，养成自主学习的良好习惯。

第一，设计问题。要求学生根据所学内容设计问题，开展提问竞赛。培养学生发现问题、提出问题、分析问题和解决问题的能力。

第二，故事续尾。想象是创造性思维不可缺少的有机组成因素，达尔文认为想象是人类“一切功能中的皇后”。现行教材中许多文章似乎余音绕梁，留下了许多富有想象力的“空白”，可以利用这些“空白”来丰富学生的想象力，拓展学生的思维能力，振奋学生的探究精神，启发和引导学生多角度、多途径、多方向的思维。教师对一些不同观点应持开放态度，不要轻易否定学生提出的不同观点和解释，真正体现教学民主。这种活动有利于学生认知能力的提升。培养学生的发散性思维和创造性思维，发展学生思维的独特性和新颖性，让学生在富有张力的教学环境中延伸思维的触角。

第三，评价阅读材料。评价阅读材料的目的是使读者正确体会和认识作者的创作观点、意图和目的，以便更准确地理解作品，尽可能地多撷取信息，同时根据语篇体裁、语篇结构和语篇内容进行推理能力的训练。

第四，分析文章体裁。了解体裁框架有助于学生更准确地了解特定语篇的含义，抓住其要点。高中教材中的阅读材料题材多样，体裁各异，教师要根据不同的体裁和题材设计出不同的阅读要求，在阅读教学中指导学生运用不同的方法进行阅读，使阅读速度和理解的正确率大大提高。

3. *活化阅读后续活动*

通过上述两个阶段的活动，学生对背景知识和阅读材料提供的信息有了完整的框架，教师应用交际化的手段巩固性提高学生掌握信息的准确性和完整性。读后活动可分为巩固性活动和交际性活动两种形式。

（1）巩固性活动

第一，复述课文。根据提供的关键词和主要线索，要求学生以课文中不同角色的口气进行口述课文内容的活动，让学生灵活地运用所学语言。

第二，同步写作。将阅读与写作结合起来有助于阅读的深化。高中英语阅读课教学的一系列课堂活动设计，不论是口头表达还是书面表达，都为相同的话题写作做好了铺垫。利用这些相关话题的大量素材，设计一些适当的同步写作活动，使学生逐步学会表达自己的思想。另外，在阅读教学中要求学生对所学课文出现过的一些精彩句子、语段、重点句型熟读成诵，烂熟于心，以建立自己的“语料库”，积累大量的语言材料，为写作打下扎实的基础。

（2）交际性活动

《英语课程标准》提出了"体验学习"，也就是说，学习英语靠学生自己去体验、去感悟、去内化。课堂交际活动是一种创造性的劳动，随着学生年龄的增长和智力的发展以及生活阅历的增加，高中生对简单的交际活动已经不太感兴趣了，但是对心智活动的兴趣与接受程度则越来越高，因此，教师要清楚地认识到学生的学习需求，选择源于课文而又超越课文，且为学生所熟悉的话题，为他们创设参与这种活动的情景。

教师可以每单元的主题为统帅，设计一两个专题，以活动为导引，组织学生展开专题研究。其间，学生分成若干小组，小组的每个成员又承担若干任务，分工合作、研究讨论，然后写出报告、提交成果、班级交流、相互评价。例如，在学习了人教版高中《英语》必修二"Music"一课后，教师可就音乐这个主题，要求学生课后以小组为单位做一个专题研究，题为 How many musical regions are there in the world？What are their features？学生可通过网上、图书馆等信息渠道撷取相关信息，写出成果报告，并借助 PowerPoint 等工具向全班展示成果。图文声像齐出，其效果和意义是不言而喻的。

这样的阅读后续活动有利于学生创新精神和实践能力的培养，有利于学生交际能力的形成。

阅读教学还应与审美、陶冶情操相结合。现行教材蕴藏着丰富多彩的美育因素（如爱国美、艺术形象美、语言美等），充分展示了璀璨夺目的美的世界。教师可以结合语言教学进行审美教育，既可以提高对文章的赏析能力，满足学生审美心理的需要，又有利于落实"教会学生做人"这一素质教育的根本目标。

二、高中英语阅读教学的创新性教学方法

（一）视频教学法

1. 视频教学方法的特点

（1）视频资源的依赖性

所谓视频教学方法，顾名思义，其最为核心的部分就是视频教学资源，即视

频教学方法最大的特点就是其对于视频资源的依赖性。视频资源主要就是基于多媒体技术的发展而形成的一种新型的教学资源，在教育教学中有着十分广泛的应用。视频教学资源总体而言，有着以下优势。其一，视频教学资源能够在较短的时间内，融入大量的教学内容。比如在高中英语阅读教学中应用视频教学资源，学生能够在有限的时间里学到更多的知识，显著地提升教学的有效性。其二，视频教学资源具有使用的反复性，简单来说，就是视频资源能够进行反复的使用，在一定程度上，大大减轻了老师的教学劳动强度，使得老师能够针对学生其他方面的发展投入更多的精力。视频教学方法的核心是视频教学资源，因此探究视频教学方法在教学中应用，对于视频教学资源进行深入分析是十分关键的，一定要引起我们的重视。

（2）学生思维的引导性

视频教学方法还有一个特点，也可说是视频教学方法最大的一个优势，即视频教学方法应用于教育教学中，对于学生能够进行很好的引导，即对学生思维具有引导性。随着对于教育本质理解的不断深入，我们渐渐认识到了引导性教学的重要性，只有进行引导性教学，学生的探索意识才能够大大增强，学生对于学习的兴趣才能够大大激发。例如，在高中英语阅读教学中进行视频教学方法的应用，学生在教学中就会被一步一步地引导而进行学习，但不是直接地被告知结论以及答案，这对于学生思维意识的养成十分重要。视频教学方法之所以具有引导性，主要还是由于视频教学资源具有丰富的教学元素，能够培养学生的理解能力，使得学生具有很强的抽象思维以及逻辑思维，加之视频教学资源对于教学而言，能够大大激发学生的学习兴趣，这就使得视频教学方法更加具有引导性的作用。学生思维引导性的特点，是视频教学方法的优势，我们一定要在今后的教学中充分地发挥这一优势。

（3）教育理念的先进性

视频教学方法还有一个重要的特点就是，视频教学方法在理念的层面上具有一定的先进性，这里所说的理念层面主要是指教育理念的层面。长期以来我们在传统教育理念的影响下，过分地注重学生课程知识水平的提升，而忽视了学生综合能力的发展，这对学生发展造成了较大的限制，这里所体现出的就是教育理念层面的滞后。教育理念的发展对于教育发展有着积极的引领作用，之所以说视频教学方法具有理念层面的先进性，主要有着以下几个方面的体现。其一，视频教学方法所依赖的核心是视频教学资源，视频教学资源是技术进步的产物，在教学中的应用本身在理念层面就具有了一定的先进性。其二，视频教学方法重在对于学生的引导，重在培养学生的自主学习能力，这与之前传统教育理念下的灌输式教学是完全不同的，总的来说也是体现了教育理念层面的进步。在高中英语阅读教学中进行视频教学方法的应用，能够在理念的层面促进高中英语教学的发展，这一点也应当引起我们的重视。

2. 视频教学方法在高中英语阅读教学中的应用

（1）加强视频教学资源的建设

视频教学方法应用于高中英语教学，首要的策略就是加强视频教学资源的建设，视频教学资源是视频教学方法的核心，应用视频教学方法的英语课堂，教学的开展主要就是通过教学视频而开展的，可见加强视频教学资源建设的必要性。对于如何加强视频教学资源建设，笔者主要有着以下层面的思考，首先，视频教学资源合理化，例如，高中英语阅读教学中所要应用的视频资源，一定要紧贴教学实践，一定要满足课程教学的要求，简单而言教学视频一定要有效。其次，加强视频教学资源的建设，还有一个很重要的方向就是，一定要重视对于视频教学资源的不断优化。例如，对于一些视频教学资源老师可以根据教学实际不断改进，从而形成较为完善的教学资源，以便后期教学中的应用。加强视频教学资源的建设还有一个很重要的方向就是，建立英语阅读视频教学资源库，资源库的建设就是不断收录教学中应用状况良好的视频教学资源，形成资源库，能够在后期教学中应用，对于英语阅读教学以及整体层面的英语教学均会产生十分积极的影响。

（2）在阅读教学中全面应用

为了充分发挥视频教学方法对于英语阅读教学的作用，在英语阅读教学中应当全面应用视频教学方法。首先只有全面性的应用，才能使得视频教学方法对于英语阅读教学的促进作用得到最大限度的发挥。其次，虽然英语阅读教学仅仅是英语教学中的一个组成部分，但是其对于提升英语教学水平有着十分关键的影响。英语阅读教学集成了英语教学中的单词、语法以及其他众多的英语知识，再者英语阅读教学中的阅读题材内容十分丰富，因此视频教学方法必须在高中英语阅读教学中全面应用。全面性的应用，主要有以下具体的策略。第一，在英语阅读的教学课堂中，广泛开展以视频资源为主的视频教学方法，使得视频教学方法的优势得以发挥。第二，充分发挥学生的自主学习能力，使学生在大量的空闲时间里，应用视频教学资源进行英语阅读学习。第三，在整个高中英语教学的过程中，不仅仅是在阅读教学中进行视频教学方法的应用，还可以在英语语法教学中以及英语写作教学中进行视频教学方法的应用，这种在英语教学中全面性的应用，对于整个高中英语教学的质量水平的提升有着较大的促进作用，值得我们去不断研究和拓展，为高中英语教学发展提供依据。

（3）针对性地应用开展

视频教学方法在高中英语教学中应用，为了确保应用的质量以及对于学生英语阅读能力促进作用最大化的发挥，就必须采取针对性开展视频教学方法的策略。所谓针对性开展的策略，主要在以下方面有所体现，其一，视频教学方法的核心是视频教学资源，而视频教学资源的种类是多种多样的。以在教学中所应用的视频为例，主要是动画形式的视频、真人讲解的视频以及多种元素相结合的视频，丰富程度不言而喻。但是在应用的过程中，学生对于每一种视频应用的喜爱程度是不同的。在高中英语阅读教学中，老师一定要抓住学生的兴趣，学生感兴趣的视频形式可以较多地应用，以增加教学的效果。其二，视频教学方法在阅读教学中的应用，对于阅读教学中较为复杂的内容，一定要进行针对性的教学。例如在阅读教学中，文章大意的理解是较为简单的，文化词句的分析是较为复杂的，因此就可以进行针对性的视频制作，重点讲解较难的内容，这对于学生阅读能力整体层面的提升是十分关键的。

（4）注重学生自主学习能力的培养

为了使视频教学方法能够在高中英语阅读教学中更为有效地应用，从长远影响学生发展的角度出发，笔者认为，学生自主学习能力的培养是十分重要的。学生自主学习能力的培养对于视频教学方法在高中英语阅读教学中的应用的作用，有着以下层面的体现。首先，学生自主学习能力的培养，使得学生有能力有意识地在课下大量的空闲时间里，利用教学视频进行学习，学生的学习能力以及知识水平将大大提升。其次，自主学习能力的培养使得学生在课堂教学中，更容易理解教学内容，更加容易理解抽象的事物，这样大大提升了课堂教学的有效性。自主学习能力的培养，不仅仅对于学生英语阅读能力的提升有所帮助，对于学生其他课程的学习以及学生今后的发展都有着十分积极的作用。自主学习能力的培养方式十分丰富，重在引导，老师可以结合英语阅读教学，给学生布置相应的学习任务，经过这种长时间的引导，学生的自主学习能力将得到有效提升。

（5）反馈机制的建立

为了深度促进视频教学方法在高中英语教学中的应用，建立相应的反馈机制十分必要。反馈机制就是收集视频教学方法在应用过程中所存在的问题，然后进行相应的处理。总的来说，视频教学方法在高中阅读教学中的应用，是一种在教育教学中的尝试，既然是尝试，必然就会存在许多不足和有待提升的地方。在阅读教学中，只有反馈机制的存在，才能够及时反映存在的问题，通过反馈机制，才能有效解决问题。反馈机制的重点就是问题的收集，问题的收集有着众多的方式，通过老师在授课过程中的发现可以得到问题，通过对于学生的调查可以得到问题，等等。问题收集之后，反馈机制要通过合理的渠道将问题进行有效的分流，有的问题属于老师的方面，有的问题可以属于管理的方面，总之，问题分流之后，及时落实解决措施也是十分关键的。在更深的层面上，反馈机制还要将整个问题的解决思路以及解决过程进行记录，形成一定的资料文案，这样有助于后期视频教学方法的推广。反馈机制的建立，是一种积极主动地解决问题的体现，只有对于所存在的问题进行有效的分析和预判，才能不断地提升视频教学方法在教学中应用的有效性，才能最大限度地促进教学的发展。

（二）体裁教学法

1. 体裁教学法在高中英语阅读教学中的应用价值

作为一种新兴的教学方法，体裁教学法原来主要应用在作文教学中，帮助学生了解各个体裁的撰写。近年开始应用在阅读教学中，发挥出了有效的教学作用。高中英语阅读内容篇幅开始增加，结构更加清晰且鲜明，除了学会特殊的词汇和语法外，更需要借助阅读教学培养学生的阅读理解与分析能力，以促以使学生得到更长远的发展。传统的英语教学方法并不能满足当前学生的需求，体裁教学法是一种建立在文体结构基础上的教学方法，不同的体裁有不同的撰写模式与要求，当学生了解体裁后，可在还未阅读英语文章时便能够简要预测其中可能出现的写作结构，以便于学生迅速找到文章的主旨句，促使学生有目的地去阅读，激发学生验证这方法有效性的兴趣。将体裁教学法应用在高中英语阅读教学中，能有效降低阅读教学的难度，遇到英语阅读篇幅较长时，学生易失去阅读的耐心。英语阅读不同于语文阅读，学生在阅读时需要翻译其中内容，因此阅读速度较慢，时间长了就会产生强烈的疲惫感，使学生无法认真阅读文章内容。采用体裁教学法进行阅读教学，能使学生迅速把握文章主旨，有效提升学生阅读能力。

2. 体裁教学法在高中阅读教学中的应用策略

（1）明确阅读体裁类型，研究体裁特点

要想让体裁教学法更好地应用在高中英语阅读教学中，教师的引导至关重要。运用体裁教学法进行教学的前提，是教师了解体裁教学方法以及英语阅读教学内容中主要涉及的一系列体裁，并了解各个体裁的特点。教师的教学能力对学生的学习状态和质量有直接的影响，高中生已经具备了独立意识，思考能力与认知能力较强，对教师的教学效果也会产生判断，一旦学生认为教师教学能力不强或对待学生不认真，教师的权威性就会直线下降，学生也就无法认可和接受教师的教学行为。体裁教学法本身就是一种新的教学方法，对于此种教学方法的使用，教师还没有丰富的教学经验可以借鉴。因此，高中教师若想利用体裁教学法保证英语教学的有效性，就要提升自己的教学能力与素养，明确阅读体裁的类型，并研究各个体裁的特点。

首先，教师可以借鉴互联网去收集资料，了解语篇的各类体裁以及体裁的特点，然后与语文教师进行沟通，借鉴语文教学的经验，明确英语阅读教学中常出现的几种体裁类型——说明文、记叙文、议论文。小说以及应用文的内容较少，教师可将分析英语阅读体裁的重点放在说明文、记叙文及议论文上，而对于其他体裁可以简要说明，以提升教学效率。

其次，教师要明确不同体裁的英语写作特点，只有清晰地了解不同体裁下英语阅读内容的结构特点，才能有效地引入体裁教学方法。高中英语教师需要从教材入手，对教材中涉及的阅读内容进行体裁归类，同时仅从教材入手是不够的，高中英语教师在深入研究教材阅读内容时，也要研究一些课外阅读的体裁特点。

最后，将收集到的知识进行整理，在课堂教学时，教师可以借助多媒体教学设备，为学生清晰地展示各个体裁的结构特点，提升学生对文章体裁的理解。

（2）结合例文示范，教授体裁分析方法

“授人以鱼不如授人以渔”，教授学生学习方法要比直接教授学生知识有效得多，利用体裁教学法进行阅读教学，目的是让学生可以借助体裁的共性快速地掌握阅读的重点，使学生可以准确把握文章脉络结构。需要学生学习的是方法。传统的教学方法一味以知识传授为主，学生的主观能动性很难被有效地激发出来，而且教学的主体是教师，学生的阅读能力也没有得到显著的提升。而体裁教学方法主要教授的就是学习方法，教师需要让学生学会自己分析阅读内容的体裁，这样学生的自主学习能力才能够有效提升，教学效果才能够更加明显。

教师要结合例文示范教授学生分析体裁的方法。首先，教师要针对每种体裁选出一篇典型文章，也可以是直接与教材相结合。其次，教师要让学生利用在语文教学中学习的经验分析各种体裁的结构特点，此时学生会产生一定的好奇心理：明明是在英语课上，为何要引入语文阅读的内容，教师需要借助学生的好奇心来进行高效的阅读教学，在学生回忆完毕后，教师要进行总结，然后引用自己整理的各体裁的特点，让学生按照多媒体设备中展示的内容进行对比，分析其中的共同点与不同之处，这会加深学生对这一知识点的印象，使得学生更好地理解其中的内容。最后，要去验证教师总结的各个体裁的特点是否正确，高中生对于自己不了解的知识会存在一定的质疑心理，并非教师讲什么学生就信什么，而且没有证明的过程，学生对于英语阅读体裁的结构特点的印象也不会很深刻，因此教师可以先将英语阅读内容翻译成汉语，英语毕竟不是我国的母语，学生在学习英语阅读时，第一步就是要将英语文章翻译成汉语，这样才便于学生更好地理解阅读题意。在翻译完毕后，教师可以结合这些经典的例文去验证之前教授的体裁分析方法，帮助学生快速地掌握体裁分析方法。

（3）采取合作方法，提升体裁教学质量

新课标明确要求将学生作为课堂教学的主体，高中生的思维能力以及认知水平都得到了显著的提升。为了让学生的英语阅读能力得到进一步提升，让学生更好地掌握体裁分析方法，教师需要为学生创造足够多的实践教学机会，而课堂教学时间是有限的，为了保持这两个需求的协调性，教师可以采用小组合作探究的方法开展英语阅读教学。

首先，教师需要对学生进行分组，由于需要培养的是阅读分析能力，提升学生对体裁分析方法的掌握程度，教师在分组时就需要更加的谨慎，为此，教师可以利用一些围绕基础体裁分析方法的试卷对学生进行检验，根据此次试卷的成绩，结合学生的综合能力和课堂表现，教师可将学生分成能力相近的不同小组，同时教师需要注意的是明确各个小组组长的职责。由于高中英语知识较难，因此合作的程度就尤为重要，组长是一个小组的灵魂，只有组长尽职尽责，小组合作的有效性才能够保证。其次，为了保证体裁教学方法的有效性，教师在设计合作学习任务时，应该主要围绕体裁的分析与理解。只有学生准确地掌握了这种阅读分析方法，学生才能够得到更加有效的进步，在学生学习能力有效提升后，教师可以再提升合作探究的难度，选择整篇的阅读内容让学生进行分析。最后，需要注意的是当学生开始合作探究学习体裁分析方法时，教师不要过多地干预学生，但是要对学生进行全面的监督，这样才能够保证教学的有效性。

（4）组织多样活动，激发学生学习兴趣

兴趣是最好的教师，高中阶段的学习任务较重，因此，一些学生在学习时总是表现出一种萎靡不振的样子，在这样缺乏积极性的心理影响下，也就没有办法很好地学习英语阅读内容，因此，教师在进行英语阅读教学时，需要思考如何更好地激发学生学习英语阅读的兴趣。体裁教学法本身是一种总结性的知识，而且很偏向语文，在英语阅读教学中，使用语文阅读的知识本身在一定程度上就能够引起学生的好奇心，为此教师在教学时可以利用学生这一好奇心，组织多样的教学活动，以激发学生学习英语阅读的兴趣。

首先，教师可以结合阅读内容组织一个小型的辩论赛，教师寻找一篇体裁比较模糊的英语文章，然后让学生利用学习的体裁分析方法，确定这篇阅读内容的体裁，不同的学生可能会有不同的看法，此时教师可以将学生分成两派，组织辩论赛，让学生各自阐述自己的观点，并且寻找对方观点的漏洞，此时学生的思维是极其活跃的，学生思考得越多，知识掌握的程度也就会越好，教学质量提升得也就越快。

其次，教师可以组织分析阅读体裁的比赛类活动，教师可以选出几篇文章，在限定的时间内让学生阅读英语阅读内容，并且分析出文章的体裁以及其中的结构特点，这样学生的分析能力和学习兴趣都能够得到有效的提升。

综上所述，体裁教学法应用在高中英语阅读教学之中，能够有效帮助学生更好地了解阅读内容的结构，借助结构脉络使学生能够未读先预判，进而提升学生的阅读能力。为了让学生更好适应这种教学方法，切实有效地提升英语教学质量，教师需要明确体裁教学法对英语教学的意义。教师要先明确教材中体裁类型，研究各个体裁的特点，在课堂教学时结合例文示范，教授学生体裁分析的方法。教师需要采取合作探究的方法，引导学生应用体裁分析方法进行实践，以此提升体裁教学的质量。教师可以利用体裁教学法组织多样活动，以激发学生学习英语阅读的兴趣。

（三）情景教学法

1. 情景教学法的内容

最近发展区理论提出，只有教学内容处于学生已有知识和潜在知识的中间时，才能产生最优化的学习。但是，处于最近发展区的内容如何和已有知识建立联系，并在思考的过程中联系到更多的已有知识，这就需要教师的引导，而问题情景的创设无疑是一种有效的方式。情景教学法就是引导教师通过联系学生的已有知识和生活经验，了解学生感兴趣的点，设计情景，通过问题的引导来激发学生对问题的探讨。情景的创设有几个基本要求，一是情景创设的趣味性。情景创设要能够激发学生的情感参与，从主观上愿意学习新内容。二是，情景创设的层次性。课堂教学其实质是围绕情景问题展开的互动，这就要求情景问题的创设要能够激发学生整节课的问题探讨，形成问题探究的延续性。三是，情景创设的学生主体性。情景的创设不单是为教师的教服务的，而是为学生的自主学习和合作学习提供支撑，因此需要与新课程改革有机地结合在一起。

2. 情景教学法在高中英语阅读教学中的现状分析

（1）情景的设计脱离学生的需求

情景的设计是为了激发学生的学习兴趣，引导学生展开对新知识的探究和交流，但是从课堂教学来看教师情景的创设更多考虑的是教学内容和形式的多样性。一方面，教师选择情景考虑到，情景的创设与新内容的衔接是否协调，是否能够包括全部教学内容，推动教学内容的逐层开展，但是关于情景是否是学生感兴趣的则关注度不够。在教学中产生的一个问题是，学生对于情景没有较强的情感投入，在学习中也是被动性的学习。另一方面，很多教师对于课堂教学有一个错误的认识，高效的课堂要求多样化的教学形式。这使得很多件事在情景的创设中倾向于使用视频、动画、音乐等多感官体验的素材，但是与课堂、与学生的联系却不够密切。

（2）情景的设计脱离学生的生活

阅读教学内容是源于生活高于生活的，学生只有在生活中搜集到相关的背景资料和使用相关主题词进行交流才能够为阅读文本内容的理解和结构的分析提供支撑。但是，在教学过程中，教师很多关注的是情景在促进语法的引导作用，关注怎么促进学生对新型语法知识的关注，然后通过讲授法系统传授给学生，要求学生进行机械记忆和模仿。这样的教学情境更多的是摆设，没有起到激发学生思维主动性的作用。

（3）情景的创设缺乏层次性

新课程背景下，提出课堂教学的主体是学生，教学内容不仅依靠教师知识的传授，更主要的是依靠学生的主动学习和探究。因此，情景的创设不仅是为了活跃课堂气氛，而是要引导学生展开思考，并在问题的探讨中向下一层次过渡。但是，在教学中情景的创设只注重一个问题的引导，没有关注问题所能够囊括单位和问题所能挖掘的深度，而是通过一些零散的情景拼接或者问题提出，学生的思维无法和教学内容形成一个思维整体，也无法引导学生展开自主探究。

3. 情景教学法在高中英语阅读教学中应用的有效策略

（1）情景教学法引导学生的课前自主学习

课前自主学习是所有新型教学方法落实的基础，但是学生在自主阅读中常出现的一个问题是，集中于所有陌生的词汇，集中于每一句话的理解，逐词逐句地进行理解，形成自主学习的困难。利用情景的创设，可以有效地解决这个问题，引导学生从整体上把握文本，掌握阅读技能。例如，在人教版高中《英语》必修一 Unit4 “Earthquake” 的教学过程中，教师借助动画创设一个地震发生后，人的逃生技能的情景。学生需要根据教材内容在地震发生的不同阶段做出相应的反应，填写英语进行表示；学生只有掌握所有的技能并准确表示后，才能够获得奖励，完成自主学习。通过这样的方式引导学生抓住文本重点，掌握核心内容，学会快速阅读文本。

（2）借助情景教学促进互动交流

借助同伴共同的知识基础促进学生个体的发展是新课程理念的一个重要核心。但是，在目前的课堂中常出现一些形式讨论，虽然每一个学生都在表达，但是却没有形成有效观点的碰撞。情景问题是一种有效的支撑，但须对学生进行引导。例如，在人教版高中《英语》必修三 Unit2 “Healthy eating” 的教学过程中，教师可以创设帮助世界最胖女子减肥的情景，引导学生阅读文本学习，肥胖对于身体有什么影响，可以通过饮食和锻炼来进行减肥，制作一个为期一周的减肥清单，针对学生的计划提出进一步的问题，如节食减肥好不好，有什么不好，从而展开深入的思考和学习。

综上所述，情景教学法的实施需要与素质教育理念相结合，真正为课堂互动和探究服务。在教学过程中，教师要借助情景教学法引导学生课前自主学习；借助情景教学促进互动交流，提高课堂教学效率。

第四节　高中英语写作教学方法创新

一、高中英语写作概述

（一）高中英语写作的目标和要求

“写”是人们进行交际活动的一种基本形式，是语言的输出活动，但在实际的教学活动中，英语写作教学还是非常薄弱的。我们没有专门的写作课，写作内容依据于各单元的话题，散插在每个单元的最后一课，往往被视为对话与阅读教材的附属，这种安排导致写作内容的支离破碎，缺乏写作教学的系统性。写作练习常常是一带而过，布置为课后作业，成了“蛇尾”。对写的技能训练的忽视导致了学生写作能力的滞后。

作为一个重要的输出环节。写作在语言教学中占有举足轻重的地位。写作是一种基础知识和技能的综合体现，是由“量”向“质”的转化，从而形成流畅语感的过程，绝非一日之功。《英语课程标准》从写作本身和学生的特点出发。将写作的目标和要求定位在以下 5 个方面。

第一，突出个性化。要求学生能表达个人的观点和态度。

第二，注重内容。力求使表达的内容有趣和有效。

第三，力求交际化。注重根据读者对象写作，了解英语国家的文化习性和交际准则。

第四，表达方式的多样化。要求能运用各种句式、语体、文体、词汇进行创作。

第五，学生自身的职责。

应该说目前高中英语写作水平离大纲和课程标准规定的要求尚有一定的差距。那么，如何提高写作教学的效率，帮助学生减少写作过程中的困难呢？这是教师所关注的。写作既然是语言习得中的最高形式，我们应将目标定位在巩固写作和交际性写作两个方面，开展长期的、有目的的、循序渐进的写作训练。

（二）高中英语写作教学存在的问题

1. 缺乏对英语写作教学的重视和认识

作为高中英语教学的重要内容，英语写作在提高学生的英语成绩方面发挥了重要的作用。但在具体实践的过程中，由于受到传统教学观念的束缚，使得授课教师并没有充分地意识到英语写作的重要性，教师在讲述的过程中，将听说读写的内容往往是混在一起来进行讲述的，这阻碍了学生英语写作能力的提高。一些英语教师在讲授语法的过程中还会介绍英语写作的相关知识，但由于缺乏针对性，就会使得高中阶段英语教学的方法和体系并不是十分规范和系统，因此，在英语写作教学等方面并没有取得显著的成效。另外，高中阶段的英语教师有的对于英语写作缺乏系统了解，这同样也会影响该教师对于英语写作教学方式和教学理念的选择，从而阻碍了学生英语写作能力的提高，不利于激发学生对于英语学习的热情和兴趣，也不利于提高学生的英语成绩。

2. 英语教师的教学理念和方式比较陈旧

随着经济的发展和社会的进步，要想保证英语课堂教学顺利开展，就需要教师树立现代化的教学观。但是在教学实践的过程中，英语教师的教学理念并没有随着新课程改革的推行而随之发生变化，采用的教学方式仍是以教师单独讲授为主，以此来满足考试的需要。这些教学理念和教学方式已经不能适应现如今教学发展的需要，同样也阻碍了学生英语能力的提高，不利于激发学生对于英语学习的热情和兴趣。在新课程改革的要求之下，一些英语教师已经更新了自身的教学理念，依靠多媒体技术来开展英语写作的教学，但在讲课的过程中，部分教师仍然受传统教学理念的影响，这不利于提高英语写作教学的质量和水平，同样也阻碍了学生英语素养和英语实力的提高。

3. 高中英语教师的专业水平不高

作为高中英语写作课堂的重要引导者，教师的英语实力直接影响到学生英语写作的能力和水平，所以要想提高学生的英语写作能力，就需要高中的英语授课教师随着时代发展，不断地丰富自身的学识文化，转变自身的教学理念和教学方式，以此来满足教学发展的需要。但是在具体教学实践的过程中，高中英语教师在写作教学能力等方面存在着差异，这主要是由于这些英语教师是在传统的教学理念和教学方式下造成的。再加上高中也并没有相关的机制来对教师的英语写作进行系统的培训，也不利于提高高中授课教师的英语写作水平。

4. 英语写作教学的评价体系缺乏有效性

作为高中英语写作的重要内容，评价体系在提高学生的英语写作能力等方面有着重要的地位。但在具体教学实践的过程中，现有的英语写作教学的评价体系并不能发挥其有效作用，使得学生并不能够完全了解自己的写作能力。

二、高中英语写作教学的创新性教学方法

（一）以读促写教学方法

1. 以读促写在高中英语写作教学中的重要性

高中英语的学习，可以分为四个部分，也就是听、说、读、写。学生在接触英语这门学科时都是从听和说开始学习，有了耳口听说的基础，再深入学习读写内容会更加容易。这四个部分的学习是紧密相联的，并不是独立存在的，帮助学生弄清楚这几个部分之间的内在联系，有利于学生更好地学好英语这门科目。英语学科是高中阶段非常重要的科目，在新时代的教育背景下，要求高中英语教学能够促进学生听说读写这四个能力的全面发展。英语听力和英语阅读是知识和内容输入的过程，而口语表达和写作是英语知识输出的过程，在高中英语的教学中，阅读和写作都占据着非常重要的位置。高中英语教师应当明白阅读和写作之间的密切联系。阅读和写作都是学生在学习英语的过程中必须具备的学习能力，在教学过程中，要尝试以读促写的方式，让学生通过英语阅读训练而达到提高学生写作的能力，这有助于学生阅读和写作能力的全面且协调发展。在高中英语的课堂教学中，运用以读促写的教学方法，有助于提高课堂教学质量，从时效性和有效性的角度看，此法能够激发学生对英语这门课程的学习兴趣，也能够帮助教师丰富课堂教学内容，优化课堂教学策略。从教学方法和教学策略的角度来思考，使教师在教学中敢于尝试创新性的教学方法，从而达到提高高中英语教学质量的目的。

2. 以读促写方法在高中英语写作教学中的运用

（1）了解教材内容，深入挖掘精华

在开展高中英语写作教学时，教师会根据教材的内容来展开教学工作，促进学生吸收知识内容。课堂教学之中重要的资源是教材。高中英语教材已经过精心细致的设计，教材之中的内容和高中生的发展特征之间，也存在着较高程度的契合性；对高中英语教师来说，在实施英语写作教学时，要充分发挥出以读促写方法所起到的作用，需做到了解教材内容，深入挖掘其中的精华，使其能够作为课堂教学的重要资源，这样学生在写作课堂的学习中，就能够进行更为充分、有效

的阅读，同时也能够在阅读的过程中，逐步提高学生的英语写作能力。对高中学生而言，其在学习英语知识的过程中，是否有着高超的听、说、读、写能力，对英语学习成效会产生极大的影响。针对此情况，教师则应将教材内容作为重要的着力点，以细化性讲述教材之中的内容，促进学生进行有效的英语阅读，强化英语阅读、写作的能力。对此，在备课阶段，教师就应针对高中生的具体状况，对所需讲述的英语知识内容加以梳理和总结，制订出适宜高中生的教学计划，以便利用于教材内容的学习，促进高中生突破写作学习的重要关卡。

（2）写作训练结合课外阅读

若能够进行积极的课外阅读，将十分有助于学生学习更多的英语写作素材，拓展学生的视野。对高中学生来说，因其的学习压力非常之大，教师所讲述的英语知识内容还会受到课堂教学时间的限制，而在此情况下，强调学生自身积极找寻丰富的英语写作素材，提高自身英语的写作能力。对高中英语教师来说，则需在开展以读促写教学工作时，重视结合课外阅读，促进学生掌握更多的英语词汇和语法，以便扎实学生的英语写作基础。学生若能够进行积极的课外阅读，其在进行英语写作时，也就不会产生无话可写的状况，这对高中生英语写作水平的进一步提升来说，有着其他方式所难以比拟的作用。

（3）运用信息技术学习英语阅读及写作

中国科技水平的迅猛提升，在开展高中英语写作教学时，教师可以运用信息技术学习英语阅读及写作，维持以读促写方法在高中英语课堂教学之中的实施效果。信息技术的合理应用，能够为英语写作课堂带来诸多方便，教师不再以板书的方式进行课堂教学，节省了大量的课堂教学时间。借助于信息化技术，学习英语写作以及阅读，而后将相关的知识内容以更为生动的方式向学生加以展示。网络资源以及数据信息，也能够作为英语知识学习的关键方式，保障学生的英语学习效果，强化学生的英语阅读能力以及写作能力。在写作教学期间，教师可借助多媒体技术，对学生的写作进行大力的训练。如可运用多媒体技术所具备的视频放映功能，使高中生能够欣赏到优秀的英语作文，并结合此内容来加以细化讲述，能够为高中英语写作教学的开展提供诸多的便利。除此之外，此技术还具备着回放的功能，这样在学生产生疑惑时，就能够通过回放对相关的内容予以进一步的了解，从而破解学生的学习瓶颈问题，提高高中英语写作教学工作的质量。

（4）引导学生积累素材

教师在课堂教学的过程中引导学生以积累写作素材的方式，不断夯实知识基础。无论是哪一种类型的作文，都与学生的实际生活有密切关系，而写作的内容也来源于生活实际。教师在对学生进行写作指导的过程中，一定要引导学生的思维，不断拓展学生的阅读视野，使学生在进行英语写作时，能够有一定的创作灵感。与此同时，学生在开展英语写作的过程中，素材的积累也是一种高效的学习方法。具体来说可以从以下几个方面作为教学切入点：首先让学生积极阅读课外文本，增加学生的阅读量，让学生在课外阅读中不断丰富知识储备。其次，让学生在英语阅读的过程中，将佳句充分在写作中展现出来，并且让学生对阅读文本中留白的地方进行恰当的续写，使学生充分将自身的真情实感，通过写作的方式表现出来，在多次的仿写和续写中提升自身的英语水平。从教师的角度来讲，教师一定要在课文讲解的过程中抓住教学的重点，促使学生形成一定的知识基础。最后，教师要引导学生对教材中的文章进行合理的仿写，找出一篇结构清晰的文章，对文章的结构和表达方式进行分析，利用教材中文章的风格来仿写，同时也要促使学生在仿写的过程中融入自己的思考和感悟，从而拓展学生的写作思路，使学生将自身的情感充分表达出来。

（二）分层教学法

1. 分层教学法在高中英语教学中的重要性

分层教学是现在教学中的一种有效教学手段，利用这种教学方式能够有效地提高学生的学习效率，发展学生的个性特征，让每位学生都能得到教师的悉心指导，从而提高学生的英语写作水平。高中阶段的英语写作已经不仅仅停留在表意的阶段，需要文章具有特点以及美感，而学生水平不一，因此，教师有必要采取分层教学的手段进行教学来帮助每位学生提高写作水平。

2. 分层教学法在高中英语写作教学中的运用

（1）充分了解学生，科学划分层次

教师要意识到学生的个性特征是进行分层教学的最基本的条件。充分了解每个学生个体的性格特征，是进行科学分层的基础。在进行分层的时候教师应该充分发扬民主，尊重学生的意见，以避免学生对于分层教学产生抵触情绪。这样才有利于教学工作的稳步推进。

教师可以先给学生布置一篇英语作文，让学生进行试写，再根据学生不同的水平拟好A、B、C三个层次，但不要先斩后奏，而要充分尊重学生的意见，经过师生之间的仔细权衡之后再决定层次的划分。A层次是针对程度较好的学生，这类学生的英语书面表达能力较强，词汇量较大，并且对于英语知识的接受能力比较强；B层次的学生基础不错，但是词汇量不达标，虽然英语基础不错，但是表意总会有些小问题；C层次的学生则属于"英语学困生"，英语基础较差，并且英语书面表达能力很薄弱。这样将学生进行划分能够使教师更有针对性地进行教学，使学生能够在同水平的同学之间主动学习。

（2）优化写作结构，合理安排教学

既然在英语写作教学过程中采取了分层教学的教学手段，那么，英语写作的结构就需要及时做出调整来适应英语写作教学，针对不同层次的学生进行写作指导，尝试优化写作结构，合理安排课堂教学。

例如，针对A类学生的写作，教师可以激发学生的创作欲望，让学生进行写作上的创新。对于这类学生而言教师要注重对学生综合能力的培养，培养学生对英语的综合应用的能力，使学生能够更加娴熟地运用英语语言进行书面创作，教师可以让学生就英语故事等系列发散性的写作题目进行续写。B类学生的写作，教师主要以强化语法结构、精确语言表达为写作教学的主要目的，让学生强化对固定句式的记忆，为学生日后能够写出高水平的英语作文打下坚实的基础。那么，针对C类学生，教师则应该注重对学生基础性英语知识的掌握，主要以记忆为主，让学生掌握基础的模仿式写作，掌握好最基本的单词、词组和固定句式，才能够进行接下来的英语写作。

（3）小组合作学习，提高分层效率

英语写作实际上是学生将自己想说的话转化成书面语言，所以，教师可以首先将学生合理分组，让学生用英语进行基本的语言交流，提高学生对于英语的运用能力。教师可以将作文题目交给学生之后，让学生进行小组讨论，将写作的构思以及具体想要运用的句子在小组内展示，这样可以有效地激发学生的学习兴趣以及创作的欲望。但是在进行划分小组的时候，教师要注意学生的搭配，在这时候应该将A、B、C类的学生进行合理搭配，使学生之间能够融洽互补，让他们之间汲取到对自己有用的信息，这种合理的小组搭配也是进行分层教学的另一种体现，这样能够提高分层教学的效率。但是在进行小组合作学习的过程中教师要及时地参与到学生的讨论中，以便对学生在探讨过程中出现的问题做出及时的指导和解决，让学生在接下来的写作过程中能够避免一些不必要的错误，这对于学生英语创作的过程是很有帮助的。所以，教师应该合理地划分合作学习小组，以便提高分层教学的教学效率。

（4）针对全体学生，进行分层评价

《普通高中英语课程标准》中要求教师要重视课堂评价，要站在学生的角度为学生提出具有指导性的建议，并且要达到激励学生进行英语写作的目的，从而从真正意义上提高学生的写作水平。教师要对不同写作水平的学生进行评价，对英语写作水平较差的学生而言，可能出现的问题比较多，教师要给予耐心的指导，将学生在写作过程中出现的语法错误和拼写错误都要及时地纠正过来，并且评语要以鼓励为主，对于程度一般及一般偏上的学生教师更应该给予肯定，提出一些比较具有创造性的建议，或者让学生在此次作文的基础上进行创新或者改进，让学生课下与教师进行及时沟通，这样一来，学生能够感受到教师的肯定，并且会更加乐于进行英语写作。对于高中英语写作而言，学生的写作水平不同需要教师给出不同程度的评价和建议，为了能够使每个学生得到更加精确的指导，教师进行分层评价的过程就显得尤为重要，这种评价机制能够更有效地提高学生的写作水平。

分层教学能够真正做到以学生为主体教师为主导，以学生的实际学习水平作为基础，做到真正意义上的以学生的学习为出发点。分层教学指的不仅仅是对不同学生的学习水平作为分层的依据，还可以根据不同的教学内容进行分层教学。进行分层教学的最终目的是要激发学生的学习兴趣，调动不同程度学生的学习积极性，提高英语写作教学的有效性，通过运用这种教学手段，树立起学生学习英语的信心，为学生的全面发展奠定坚实的基础。

（三）趣味教学法

1. 趣味教学对高中英语写作教学的价值

高中英语作文课因其与普通教学内容的差异而成为其教学的难点。在教学过程中，以趣味化的写作为手段，加强了英语写作的基本功，增强了对英语的认知。探索一种科学、高效的趣味教学方法，既是对学生的责任，也是新课改的根本要求。在英语写作教学中，运用新颖的教学方式，培养学生的写作兴趣，增强学生的洞察力。在英语写作教学中，由于思想、方法等方面的原因，使其教学效果不理想。通过对英语写作教学的深入研究，采用不同的教学方式，可以提高教学效果。能使英语写作的教学更加丰富，更有趣味性和时代感，切实体现出学习的目的性。而在英语写作教学中，如何紧跟教师的脚步，更好地融入课堂教学中去，这是一个非常有意义的问题。同时，也需要教师通过多种途径，寻找一种行之有效的教学方式，打破原有的教学模式。

2. 高中英语写作教学中的“趣味”应用

（1）打造生动形象的英语写作教学课堂

写作是英语教学中的一个“难点”，也是外语教学中的一个重要环节。趣味教学是建立在兴趣培养和趣味阐释的基础上的一种教学系统。通过营造生动活泼的课堂教学氛围，使学生爱上写作，从被动式的写作转向积极的探究式写作。在教学中，教师要充分调动学生的写作活力，充分发挥课堂教学的创造力，充分发挥学生的潜能，使学生由语言学习向实用的转变。在目前英语写作教学中，要充分发挥其优势，创造出一种生动的教学效果。采用活泼、有趣的写作教学法，能使学生更好地掌握书面语言的使用技巧。

（2）构建内涵丰富的英语写作教学课堂

其一，应加强对“问题复习”的训练，使其具备良好的阅读能力，理清思路，为清楚地表达语言奠定基础。在此过程中，应注意多种教学方式的结合，以提高学生的学习兴趣。比如，运用“化繁为简”和“抽丝剥茧”等教学手段，使学生对题目提出的问题有一个明确的认识。其二，要使学生对作文的层次、重点进行清楚的梳理，不仅要做到全面、合理，而且要使文章具有说服力。要重视“复习”

的养成，尤其是使其掌握语法和运用语言的能力。其三，重视有效地运用和提高英语写作能力。为了提高文章的可读性和趣味性，应着重对文章的开头和结尾进行打磨。要能单独开展写作教学，在教学中要注意与阅读、口语等方面的结合，使学生能够熟练地掌握经典句子，从而使作文的表达能力得到全面的提升。在英语教学中，教师要构建良好的阅读环境，以提高学生的英语语言能力。

（3）打造开放式趣味教学平台

全面、生动的趣味写作教学，要求教师在课堂上搭建一个开放式的教学平台，让学生有更多的机会与他人进行沟通，加深对英语写作的理解和运用。在传统的英语写作教学中，教师往往会要求学生死记硬背，把所学的单词和句子都记下来，尽量多写。这样的教学方式，一是枯燥；二是因为单纯的背诵，很难让学生对所学的东西有更深的印象。开放性的教学模式有利于培养学生的开放性思维，使其获得更多的快乐。在这个区域内，同学们可以更多地参与课堂讨论，更自由地表达自己的观点，并在网上查找更多的资料，充分利用了学生的想像力和思考能力，从而实现了科学的教学。比如，在人教版高中《英语》必修一 Unit 1 “Unit 1 Teenage life”教学中，老师可以做一些有趣的扩展，让学生回想自己和朋友之间的生活趣事，用英语书写的方法记录这些文字，从而使英语的写作更具时效性。另外，在英语兴趣作文教学中，教师应该对其进行更客观的评价。教师要不断提高自己，以更加科学的教育思想、开阔的眼界，不断地学习新的知识、新的思想。教师要改变自己，更新自己的教学评估标准，就可以使学生的学习理念发生变化，从而达到最好的效果。

（4）实现写作知识与生活实际的融合

在中学进行趣味作文教学时，应更好地贯彻“生活化”的教育思想，充分运用各种教学情境、情景、趣味性的教学手段，使课本上的固定知识与现实生活紧密联系起来。通过这种方式，可以使学生更好地掌握特定的知识，进而增强他们的实际操作能力。“生活化”教学是目前国内许多教育领域普遍采用的一种教学方式，它对中学英语兴趣作文的教学起到了很大的促进作用。

（5）利用多媒体提高教学的趣味性

在现阶段，多媒体技术已经在人们的日常生活和学习中得到了广泛的运用。

多媒体信息技术的教学方式多种多样，但其核心始终是通过运用现代信息技术来提高教学的有效性和趣味性，使教师能更好地达到教学目标。在英语写作教学中，教师可以利用智能课件的思维导图来展现课件的趣味性，并把现代技术引入课堂中，从而充分激发学生的学习兴趣。利用多媒体技术进行写作教学，能更好地增强学生写作的直观性，使复杂的知识变得更为具体，让学生能够亲身体验到写作的真谛。

第五章　高中英语教学评价的创新

本章探讨高中英语教学评价的创新，主要介绍了三个方面的内容，依次是高中英语教学评价概述、高中英语教学评价现状研究、高中英语教学评价的改革与创新。

第一节　高中英语教学评价概述

教育评价（evaluation）由美国的泰勒（Tyler）于1930年首先提出。我国于20世纪80年代初引进教育评价，1985年后开始实施，接着一些省级教科所也参与进来，当时主要是研究考试命题。相对其他学科，教育评价是一门年轻正在发展的，还不太成熟的学科。但随着教育改革的不断深入，教育评价现在已成为教育科学的三大支柱（教育基础、教育发展、教育评价）之一。特别是自课程改革以来，教育评价发展到今天已无处不在，甚至评价本身也成为评价的对象，即评价的再评价。

教育评价不是事后评价，而是贯穿教育的全过程的教育活动。评价的功能主要是：测验考核，价值判断，事实判断，为决策提供反馈信息。评价的依据是：评价就是看教育活动的结果相对教育目标实现的程度。

教师教学能力的外显重点就是提升课程评价水平。课程评价的科学性、可操作性、公平性主要应该把握以下几点：一是注重过程评价与结果评价相结合、阶段性评价与日常评价相结合，各学校都在学生的学业评价与学分认定的评价指标体系中，既有学生的平时表现，也有终结性评价结果；二是注重评价主体的多元化，评价主体有教师、学生、家长；三是定性评价与定量评价相结合；四是注重评价方式的多样化，有书面作业，有笔头测验，有人机对话。力求对学生的学业情况以及学分认定为比较科学系统的评价。

开展教学质效评估活动旨在转变教学行为，转变学习方式，倡导对以技能训练为目的的“教学行为结构”进行研究和评价。

一、高中英语教学评价的作用

高中英语课堂教学评价不仅是质量检验员，起检测和监理作用，更是教育保健员，保证教学健康有序发展。就英语教学而言，由于外语教学是实践性很强的一门学科，对外语教与学的评价一般采取“行为化测量”，即通过外显行为推测内在结构的思维方法。高中英语课堂教学评价的作用必须有助于学生积极开口表达，真正提高英语语言运用能力。

（一）甄别英语课堂教学活动的质量

1. 语言知识与交际能力

交际能力包括:（1）语言能力（语言形式结构系统本身的操作能力）;（2）语篇能力（语言形式结构置于语篇中运用的能力）;（3）语用能力（语言形式结构置于情境中运用的能力）。

明确交际能力的构成，我们对英语教学的终极目标的定位就准确。语言的知识和结构是语言交际能力发展的基础，但绝不是终极目标，英语课堂教学应着眼于设计促进能力发展的教学活动。活动就是教师为学生设计能运用所学知识完成任务的情境，这就是英语教育要求的以培养语用能力为核心的价值所在。

2. 单纯语言练习与信息处理活动

如果把语言当做一套知识或是一套结构，学的、练的、考的就是操作形式结构的技能，语言练习仅仅孤立地操练只有意思（meaning）而没有意义（sense）的句子、语法和词汇；如果把语言当作一种信息能力，是处理人与人交往信息的思维能力，是把知识和技能包容进去的综合体，就一定要把语言当做工具来练习，学的、练的、考的应是获取、选择、加工、传递、表达信息。信息处理活动强调对认知机能的调动，强调主动性、创造性，强调通过交际运用而学习，注意力不放在语言形式上，而是放在信息上，即放在如何达到交际目的上。

3. 以过程为重心

相对于以结果为重心，运用是一个过程，而不是一个结果，教学重心自然就应落在过程而非结果上了。为学生提供语言学习和运用的过程，在过程中既关注“学什么”，更关注“如何学”和“如何用”，即如何听、说、读、写。重视“如何”，而不仅仅是“什么”，则要求教师善于观察、提问、了解和分析过程，并注意发挥活动之间的连接和关系的作用：扩展、深入、发挥、引申、了解。

给学生读一篇课文，不只是为了学这篇课文是什么，更不只是为了学这篇课文的语言点、语法和词汇，而是为了学会如何读。不能泛泛地只给“Read the following text”的指令，而要给具体的要求：预测大意，略读求取主要意思，寻求具体和隐含信息，揣摩观点和态度，联系经验理解意义，比较论点或信息，作认知的推论、综合、分析、判断、结论等。

以过程为重心自然就会以学生为主体，为学生提供发展的空间和时间，将教学目标任务落在每一位学生身上。

4. 做事教学

“新课程”倡导体验、实践、参与、合作与交流的“做高中”的任务型教学理念，将英语学习完全渗透在完成任务的活动中，展现“自信与思考、合作与交流、实践与创新”的课堂生命价值。尊重师生课堂生命价值恰恰是英语教学升华为英语教育的高要求。

任务型语言教学（task-based language teaching）是诸多交际教学途径中的一种，它的理念是“Learn a language by using it”。任务型语言教学思想仍然是在交际语言教学思想的理论框架之内，它是功能中的一个个需要完成的事情。学习者不仅可以通过完成各种任务发展交际的能力，而且能在用语言做事情的过程中，自然地把注意力放在信息交流上，而不只是放在语言形式上。

（二）提升课程建设能力

理性的英语教学评价能积极促进教师提高教学能力，特别是提升教学活动设计的能力。

1. 提高活动设计能力

课堂活动设计是教师有效解决理论付诸实践的载体，是教师驾驭课程的能力体现，这种能力使教师能自觉关注学生的创新精神和实践能力的培养，有利于提升课堂教学境界。当前国内外教育改革业已聚焦下列两个观点：其一教师事关重大，其二改革最终发生在课堂上。以课堂活动为载体的研究，是对这些观点的回应。机械训练还是感悟体验？告诉事实还是主动观察？怎样在“变式”训练中形成能力？怎样设计“铺垫”引导探究？以专业引领与行为跟进为关键的课堂活动设计对于有效解决理论向实践、向课堂的转移问题，确是一种有价值的选择。

（1）设计原则

活动设计应遵循以下原则：以信息意义为焦点原则，活动层次与认知层次相匹配原则，活动面和活动频率原则，激活原则，交际原则，分享原则，发挥专长原则，统一和个别关注原则，激励后进原则，自主性、探究性、合作性原则，集体与个体反馈原则。

（2）任务分析与设计

在设计任务时，必须考虑语言知识的目标、语言能力目标、学生实际，把教材中的语言点与任务活动结合起来。以任务为核心设计教学步骤。设计的活动注重语言行为表现并能让学生体验成功。

（3）步骤

Presentation stage：创造情境，产生需要，介绍语言知识和形式，学生理解语言知识的意义。教师不仅要提供过程，还要示范。

Practice stage：提供练习，组织语码，如造句、复述、模拟交际等。教师给予一定的帮助。

Production stage：在具体情境中说或写，组织信息交流。教师给予很少帮助，直至完全让学生自由交际。

语言输出，是组织信息、加工信息、展示信息的过程，是语言运用的主要渠道。输入的目的是输出，只有打开通道，才能实现语言内化，只有运用，才能积极扩大词汇量，才能提高语用能力。

2. 促进语言教学目标实现

新课程背景下的“三维”目标赋予英语学科的价值是培养学生英语语言运用能力，把握住这个重点是目标实现的前提，这是目标实现的关键。

What to teach——课程标准——稳定

How to teach——教授方法——灵活

What to learn——课程资源——载体

How to learn——感悟内化——活动

目标实现的基本方法就是重交际，通过做各种与生活息息相关的活动来介绍和把握语言，学习就是获取信息、组织信息、利用信息、创造信息、传递信息、展示信息。不仅重视学习结果，更看重学习过程，既看练习层次，又看目标的升级提高。因此要寻找由知识学习向能力发展的恰当路径，课堂教学活动是载体，而所有活动又以突出互动性、主动性、创造性，信息化、民主化、情感化为支持。

3. 加强语言技能训练

语言技能训练以教师的课堂角色转变为重要前提，而教师教学行为的转变又以学生学习方式的转变为逻辑起点。一词一句地讲解和一句一句地分析剥夺了学生读的机会。一定要给学生提供机会、保证条件、创造环境，为学生提供感悟、操练、产出、实践、交流、合作的过程。给学生当交际助手或为学生配交际助手，对学生学习起指导作用，是教师在语言技能训练中应把握的策略。

二、高中英语教学评价的原则

（一）人本性原则

树立以学生为主体，以“学”为中心的“主体观”。学生是教育教学的主体，而且是具有能动性的主体，学生在学习过程中是信息加工的主体，只有抓住“学”这个中心，才能完成“教是为了学”“学会是为了会学”的转化过程。

树立符合社会发展需要的“人才观”。培养符合社会发展需求的合格人才是教育的根本目的。应树立以符合社会发展需要，符合学生个性发展，并使二者形成最佳结合的人才观。

个性（personality）一词，是指个人独特的性格和行为品质的总和。从研究个性的角度来探寻高中生英语学习方式的变革是推进英语教育质量适应多元化社会发展的根本出路。从促进学生学习方式的变革中闯出英语教学的新路子是面对未来，主动、系统的回应。发展和完善人的个性已成为全球性的教育追求，倡导“以人为本”的英语教育更突出了新时代教育个性化的特点。素质教育的内涵之一是非均衡的发展，一味追求每个人素质均衡发展不仅违背教育规律，而且也不可能有效地促进学生健康成长，更不可能培养出有个性、有创造力、多样化的人才。我们的教育必须尊重个性的存在，英语教育的特殊性决定了促进英语学习方式的变革必须顺应个性发展的特点。

1. 动机与外语教学的关系

“以人为本”的英语教育必须研究学生个体差异，而激发每一个学生的学习动机又是关注差异的基础。动机是一个人为达到某种目的的一种内驱力，这种内驱力的挖掘、培养、形成、发动是转变学生学习方式的内在基础，它对外语教学的影响是显而易见的。

（1）主动学习的动机有助于创设以“学生为中心”的课堂。当今外语教学所强调的任务型教学主张为学习者创造运用语言的环境，让他们在“运用语言做事情”的实践中练习技能，掌握语言知识，形成能力。成功的教学不单是看教师一节课教了多少内容，更重要的是要看学生练了多少，学会了多少。以学生为中心的课堂是外语课必须坚持的。

（2）渴望掌握目标语的动机有助于实现语言内化。学习语言的最终目的是要运用，而运用就要有达到目的的内驱力。所谓“内化”，就是学生能在实际生活中运用已学的语言知识。这就是语言学理论所强调的扩大积极词汇，提高运用语言能力的本质，也是我国英语课程标准对掌握语言的要求，即对所学词汇不仅要认识，而且要会用。识记——操练运用的过程就是语言内化的过程，整个过程是在学生对目标语渴望掌握的动机支配下实现的。特别是交际法广泛应用在我们的课堂中，学生的主体作用就要靠动机来激发。

（3）良好的学习动机有助于改善师生关系。一堂英语课能否达到预期目的，在某种意义上取决于师生关系的和谐发展。如果学生的学习积极性没有调动起来，教师的主观意志就不能变为学生的实际行动。如果学生有良好的学习动机，教师的教又能满足学生的求知欲，教师的榜样和示范作用就能产生最佳效应，学生对教师指令接受程度便随之提高，同时也能激发学生的求知欲。勇于实践的动机能使教师适时地调整教学方法。一个学习动机强烈的班级最容易及时地把反馈信息传给教师，因为勇于实践的学生最能暴露学习过程中的问题，这样就有利于教师及时调整教学方法和教学手段，以满足学生的需要，提高教学质量。

2. 创设“需要”的环境

突出工具性就要创设需要用语言做事情的环境，让学生在使用语言的环境中感到需要掌握哪些词汇和语言结构才能完成任务。需要产生动机，有需要就会主动去做。教师在语言教学中应有意设置一定程度的障碍，如要完成某个功能任务，我还需要什么？如何完成？让学生把学习每一个语言内容都看成是为了某种表达和展示的需要，一旦突破障碍，获得成功，便其乐无穷。

语言学习的需要与个性品质、人格品质都有很大关系。应根据不同学习者的潜质给予不同需要的感悟，设置不同的障碍，提供不同的舞台，特别在学生语言活动中给予个性化的指导和关怀。把需要与学生主体性发展结合起来是教师教学水平发展的一个较高境界。

3. 捕捉良好的学习状态

高中生学习英语时，对语言材料的理解反映了个体的综合素质。不同的学生有不同的理解，不可能只有唯一的标准，个性化的语言表达特点尤为明显。为此，在课堂上，要捕捉和保持学生良好的学习状态必须从关注个体开始，教师一定要利用各种反馈来确定学生个体的状况，并调整好自己的教学。但反馈值必须由反馈面和反馈质来确定，不能只以几个优生的回答来确定，也不能以低质量的检测来确定。

4. 统一之中的个别指导

学生群体中的智力差异并不大，这给统一要求奠定了基础，但智能类型却能直接影响个体的发展。在大班教学的现实中，教师面临的问题就是统一要求和个别指导的矛盾。分层教学力图解决这一问题，但仅以学业成绩来分层次是否科学确实是一个问题，如能研究学生属于哪种智能类型；在语言学习中，某种类型适合从什么方面找到最佳切入点；或可以从哪些方面让该种类型的人最易获得成功感，这样可能会找到治本的出路。在统一之中给予不同个性的个别关注和指导，在语言实践中让每个人有事做，都有获得成功的机会，特别是对自信心不足的人，教师应给予独特的关怀，把成功的体验让给这些孩子。可能教师会辛苦一些，但消除厌学心理，使每个孩子都得到发展才是教师的成功。

5. 公平对待每一个学生

英语课上常常可以发现，许多课堂活动设计精良，但遗憾的是活动面仅局限于小部分人。在英语课堂上还有相当多的教师习惯于以个别提问为主的方式，举手的优秀学生可能获得多次机会，不举手的恰恰是有困难的，而他们可能就没有机会。即便是小组活动，个性不同的学生获得的机会时间也不同，这时教师的组织非常重要。教师的工作方式、公平态度、组织策略等都影响到学生学习状态。

公平就要求教师既要懂得活动设计，又要善于组织活动，如采用两两对话、两两检查、小组讨论、小组编故事或对话、全班辩论、角色扮演、信息沟（文字和图片），效果特别明显，在有限时间内全班几十个学生同时受益。这种形式互动面大，再加上高频率就能为每一个孩子提供学习语言的环境，教师在学生活动中如再针对不同个性的潜质，充分发挥其作用，效果就更好。

（二）发展性原则

1. 用发展的观点看待学生

树立符合学生认知规律的“发展观”。从受教育者的认知发展规律出发，用发展的观点看待学生，用发展的观点衡量和要求学生，所有的教育教学活动都是为了学生的健康发展。

用发展的观点对待每一个孩子，就必须关注学生的进步，就必须研究学生心理。我们一定要承认学习外语的个体差异，在外语学习上连性别都有差别，作为外语教师绝不能把这些正常的现象当做智商问题，应该认识到这主要是情商的问题。那么，我们应该态度好一点，多一点笑容，多一分宽容，特别是对待学习暂时有困难的学生，不埋怨，不让其在骂声中成长，要让他们在学习活动中有安全感和成就感。放松心理是刺激语言发展的关键，了解这些，教师找到对策是不难的。

2. 关注学生心理的发展

教学是心理活动和心理发展统一的过程，教学群体的社会活动是个体心理活动，又是心理活动和心理发展统一的过程。苏联心理学家鲁宾斯坦认为在人的活动中形成的精神发展，人的能力在完成自己的活动中被发展着。活动使主体与客体、主观与客观、内部与外部相互作用、相互转化，学生的知识、能力、情感、思维方式等不是由教师赠送的，而是学生靠自己的活动、自己的劳动获得的。

3. 强调学生课堂表达行为

围绕每个单元的教学内容确定学生的课堂行为，以学生学习行为的充分表达作为教师教学行为转变的逻辑起点，“行为结构”旨在为学生学习提供从知识到技能形成的“过程”。我们开展的一系列教学质效评估活动重在评估学生的课堂作为，促进其转变学习方式。倡导以技能训练为目的的“教学行为结构”恰好为学生提供了语言表达的平台。

（三）多元化原则

评价的多样性包括评价主体的多元化、评价方式的多元化和评价内容的多元化。

1. 评价主体的多元化

采用内部评价与外部评价相结合的方式，评价主体主要是学校、教师、学生、家长，同时也包括教育行政部门及其相关机构。按照评价主体构成，教育行政部门对学校英语课程实施进行评价，学校对授课教师教学情况进行评价，教师对学生学习情况进行评价。对学生的评价重点放在学生的自我的纵向比较上，把学生的学习态度和进步作为评价的主要标准，真正体现“以生为本”的评价理念。

2. 评价方式的多样化

终结性评价和过程性评价是现在普遍采用的方式，需要指出的是这两种方法应结合起来使用。终结性评价不能只看考试分数，必须由过去单一的考试成绩评价改为多元评价，即参考学生学习表现、作业情况、课堂行为表达、课外活动参与情况、个性发展等多种因素进行综合评价。

评价方式的多样化还可以更加开放，除了纸笔、等级的评价方式，学生可以采取各种自己喜欢的形式反映自己的学习成果。

3. 评价内容的多元化

对学生外语听、说、读、写技能的评价，是仅仅在课堂还是可以更宽泛？这的确是新时期英语教育工作者不能回避的新问题。中国英语教育多年追求的一种社会氛围已经形成。过去大学英语专业的学生才能看到的原版电影，现在可任意欣赏，广播、报纸、戏剧、各类英语活动渗透到社会生活的方方面面。而我们今天的教学单一化已经适应不了社会的发展，也脱离了学生生活实际，形成了极不相称的反差。如果说英语教学不能只停留在教知识、记结构、背单词的低级阶段，那么，教学评价是否也要改革，以适应社会发展的要求？社会越进步，越迫使我们改进方法。追求新的变革可能是高中外语教学评价必须思考的新问题。

4. 学生的多元化与学习出口的统一化

学生的多元化是指学生在学习能力、学习风格、思维品质、发展水平、经验积累等方面的差异，就学习外语而言，学生的多元化还表现在家庭背景和文化背景的差异、社会经济差异、方言差异等方面。这些差异对学习英语的影响在学生身上一定会产生不同的反应，而我们的英语教学的唯一出口表现形式就是考试，鲜活的语言在考试中变异，富有个性的语言在考试中变成了统一的试题。为了追求更为有效的教学效果，英语教师必须了解学生存在差异的表现形式，并将这些因素纳入教学评价的考虑范畴。

三、高中英语教学评价的分类

教学的评价是根据一定的教育目标，运用可行的科学手段，对学习过程及其效果进行价值判断，从而为教学决策提供依据，以提高教学过程的效率。根据不同的分类方法，可将教学评价分为不同的类型，常见的分类方法有以下几种：根据评价对象的层次和内容可分为宏观评价和微观评价；根据内容的复合程度可分为单项评价和综合评价；根据评价的功能和用途可分为安置性评价、诊断性评价、形成性评价和终结性评价；根据评价参照的标准分为相对评价、绝对评价和个体内差异评价；根据评价主体可分为他人评价和自我评价；根据评价方法的不同又可分为定性评价和定量评价。

高中生英语教学评价的实质是将学生英语学习的实际表现与其理想目标或预定目标加以比较、判断，从而促进学生语言能力的发展和综合素质的提高。

要保证英语学习取得良好的效果，就必须有一套科学的、适宜的评价方法。这里我们简要分析以下几种常见的英语教学评价方法。

（一）安置性评价

安置性评价——教学前的评价，即通过调研的方式，了解学生的知识技能掌握的程度、学习方式、兴趣爱好、个性情感、学习态度、学习习惯以及学习潜能等，识别学生的发展差异，适当安置学生。

作为一种定位性评价，安置性评价一般在学期初进行，为教师选择何种适当的教学方法，或对学生进行分类指导做准备。

安置性评价可以采用问卷调查、师生对话、小组座谈、学习交流等方法进行。教师要根据调查情况，及时调整英语教学内容、教学进度，选择恰当的教学手段与模式，以达到预期的教学目标。

（二）诊断性评价

这是评价学生学习基础的一种重要方法，通过对评价对象的主要要素测验后，对评价对象存在的问题及其发展情况在价值上给予判断，为改进和提高下一步活动提供依据。

这种评价是为了使教学符合学生的需要和基础。使用这种方法，必须根据事先制订的具体目标进行，这样可以了解学生是否在课前已接受或达到既定标准及其达到的程度，同时了解学生在学习基础方面的缺欠，发现存在的问题、原因，以便采取符合评价对象实际情况的措施，对症下药、排除障碍，为实现因材施教提供依据。

学习是一种连续性活动，后续学习是在学生原有的水平之上进行的。学生原有的发展水平是后续学习的起点和基础。实践证明，学生当前发展的差异，多是由于前期经验的不同所造成的。如果学习者具备必要的学习准备，教学又适应于这种准备，则有利于学生在新的学习活动中取得成功和发展。反之，如果后续教学活动不是基于学生原有水平，与学生的学习准备程度之间的适合度不够，那么，学生在后续学习活动中则难以取得成功和发展。因此，在教学活动进行之前，应该诊断学生的学习准备程度，以便于检查我们的教育目标是否定得准确，教育内容选择是否恰当，是否适合学生的水平及兴趣，为教学活动的开展提供前提和基础准备。

诊断性评价的目的是在学生学习的过程中不断地“诊断”学生学习状况，而不是为了单纯地记录成绩。因此，认真细致地对评价结果进行研究、分析是十分重要的。进行诊断性评价的时间，可定在单元、学期、学年教学开始时。

（三）形成性评价

形成性评价又称过程评价，指的是在教学过程中，对尚在进行、发展中的教学活动进行相应的价值判断，是通过教师观察、座谈、访谈、问卷调查、读书笔记、学生自评、互评等形式对学生的学习行为、学习能力、学习态度和合作精神等进行的持续性评价。

形成性评价注重学生的主体地位，让学生有更多的决定自己学习的权力，并使学生放开了对结果过分担忧的包袱，重视过程，享受过程。

形成性评价鼓励学生进行自我评价和相互评价，有利于激发学生的学习动机和学习兴趣。看到自己的进步和得到同伴的赞赏都是学生学习的强大动力。

形成性评价注重对学生学习过程的记录，真实反映学生的学习发展过程。一次测验或考试成绩不能充分展示一个学生的学习能力、情感、态度和策略等，但是看这个学生在小组里的表现，看他的课前报告、课堂内外的表现，就可以比较清楚地了解该生在英语学习各方面的情况与存在的问题，教师也可以据此提出更详尽、更适合该学生发展的建议。

形成性评价不仅使教师更了解学生，因为它也让学生参与到评价中，所以也让学生更了解自己的学习。学生看到自己在学习过程中的每一点收获，增强了自信心，学会分析自己的不足，明确了努力的方向，并不断地调整学习策略。这个过程就是学生自主学习的过程。

形成性评价采用灵活多样的评价形式，鼓励学生、同伴、教师和家长共同参与评价，实现评价主体的多元化。这有利于学生在评价活动中学会相互学习、相互欣赏、取长补短，增强合作与参与意识。

学生对外语学习的兴趣和态度，在学习过程中的参与意识和参与程度，在双人活动和小组活动中的合作精神，学习中对异国文化的理解和跨文化交际的意识以及在学习进程中学生的智力发展、综合素质以及价值观的形成等，这些都是学好外语的重要因素，而这些因素是无法通过定量方式测定的，也无法在终结性评价中得到全面反映，而形成性评价则弥补了这一不足，它促进学生认识自我，实现自主学习，自主发展，充分享受成长和发展的乐趣。

（四）终结性评价

终结性评价又称结果评价，是在某一相对完整的教育阶段结束后对整个教育目标实现的程度作出的评价。它要以预先设定的教育目标为基准，考查学生发展达到目标的程度。终结性评价的次数比较少，一般是在学期或学年结束时进行。其作用一是考查学生群体或每个学生整体的发展水平，为各种选拔、评优提供参考依据；二是总体把握学生掌握知识、技能的程度和能力发展水平，为教师和学生确定后续教学起点提供依据。终结性评价注重总结，它所关心的是教育活动的结果，而基本上不涉及教育活动的过程。

终结性评价在某些特定的场合还是必需的，如进行某种资格鉴定等。进行终结性评价也是社会和行政管理机构对学校进行监督和控制的有效手段，是提高教育投资效益与效能的重要途径。从总体上说，进行终结性评价也是教育系统自我调节、自我完善的重要措施。

英语课程的评价体系要体现评价主体的多元化和评价形式的多样化。评价应关注学生综合语言运用能力的发展过程以及学习的效果，应采用形成性评价与终结性评价相结合的方式，既关注结果，又关注过程，使对学习过程和对学习结果的评价达到和谐统一。

第二节 高中英语教学评价现状研究

普通高中英语课程标准（以下简称“新课标”）所推崇的“立德树人”与“素质教育”理念，今天应用于高中英语教学中，但是对应的评价体系由于其本身内涵的复杂性、建立的耗时性和实施的延后性，仍有待完善。近年来，国内知名教育专家针对教改开展相关研究，提出一系列问题，更是给国内英语教学及教学评价的改革敲响了警钟。基于此，笔者对高中英语现行评价体系进行探究，以期为广大研究者提供一些参考。

一、高中英语教学评价现状反思

（一）教学评价现有形式

在我国，高中英语教学评价依然承袭传统式的教学评价方式，以上课和评课记录的形式开展。传统式的上课、评课记录尽管对教学有一定的帮助，但与新教材提倡的教学评价核心理念还相差甚远。首先，传统式教学评价的目的是催促教师提升教学质量和效率，完成每日教学任务，同时评定的结果则作为奖罚和聘用的根据。其次，传统式教学评价只关注教师的教，忽略了学生的学，因而造成高中英语教学中学生厌学、学习兴趣不足等情况。这类评价方法的核心是教师的行为，偏重于从教师的“教”而非学生的“学”，而且使用的是量化分析的方式，例如运用教学评价指标值对教师教学成绩或等级进行鉴定。

由此可见，传统式教学评价主要对教师的课堂教学基础能力开展调查，容易导致教师过度重视自身在课堂的表现，学生学习边缘化现象突出。这种评价方式较为单一且忽视了学生主体的发展状况，容易造成学生厌学、教学低效等一系列问题。现行的教学评价方式与现代化教学要求并不一致，需要教师结合教学实际革故鼎新。

（二）教学评价突出问题

伴随着教学改革的进一步推动与教学方式的逐渐改进，高中英语教师越来越发现教学评价应贯穿于全部教学实践活动中，是教学必不可少的一部分。但现阶段高中英语课程所执行的教学评价体系比较落后，难以与日新月异的教学目标要求以及蓬勃发展的教学方式创新相符合。因而，高中英语评价管理体系亟须改革与健全。

我国高中英语教学近年来在教学评价方面的问题，大致可概括为三点：第一，教学评价的功利性较强；第二，评价主观性较强，且没有清楚地进行职责分工；第三，教学评价欠缺实效性、常态性。教师只有进一步研究教学评价现有问题的潜在性缘由，才可以开展有效的改革创新，在具体教学中高效处理“教与学”和“教学评价”之间的关联。

二、高中英语教学评价问题的原因分析

（一）教学评价理念较为呆板

教学评价在实践中常常被误解或被定义为教育测量，其形式往往被局限于教学测试。评价方式也存在单一化现象，过多地依赖于终结性而非过程性评价，现行的高中英语大多以测试的形式评价。这类以卷面考试为依托的评价具有鲜明的竞争性与激烈的选拔性，其目的为甄别学生某一阶段成绩的优劣，完全忽视了学生平日的英语学习过程与英语课堂上的行为表现。现行的高中英语教学评价如果继续恪守呆板的观念，则会严重阻碍学生的全面发展，也很难让学生的英语综合素养有所提升。

（二）评价主体的参与度极低

学生是教学效果评价主体的重要部分。现行的高中英语教学评价中，教师被认为是最了解学生学习情况的群体，因而教学评价一般都以教师评价为主导。作为评价对象的学生群体在评价中参与度非常低，几乎处于被动地位，不拥有表达意识与评价意识，学生少有对英语课程学习或者英语课堂的反馈。学生误认为学习评价是他人的事，与自己关系不大，因此也逐渐丧失了学习能动性与创造性。教学实际是一个双向主体、多面反馈的过程，学生的感受与反馈其实至关重要。

（三）评价内容体系不完善

教学评价的对象是教学资源与教学效果。在评价教学时需要考虑教学资源选

用是否合理，使用时机是否恰当，教学效果是否显著，是否符合学生兴趣。科学、全面的教学评价可助力于实现具体学科的课程目标。由于现行的教学评价一味地考虑信度而忽视了效度，教师在设计评测试用的英语试卷时，内容大多集中于利用卷面测验的单词的记诵、阅读语篇理解的能力上。而对学生个人的英语学习兴趣点、对英语阅读的个人理解与延伸性思考涉及较少。且卷面为主导的形式使得英语口语等实践技能，因不出现在考试中而不受重视，造成了“哑巴英语”或“高分低能”的窘迫情况。

（四）评价意义背离初衷

教学评价通过汇总师生的情况与反馈可以衡量教学质量。除此之外，还可以针对学生的个人表现给老师提供参考因材施教，为每一位学生提出建设性的意见，从而提高学生英语能力与水平。现行的教学评价只注重学业成绩的一种反馈，忽略了学生的学习过程、情感过程。但实际上，评价除了选拔的功能外，还有诊断、调节、激励的作用，因此这与评价本身的意义反其道而行之。学生通过自评能看到个人进步，也能体验到学习英语的成就感，从而促进对学习英语学科的自信心成长与学习效果的显著提升。教师也可以通过学生反馈，调整自己低效和单一教学方式以获得成长。教学中的“教学相长”，就是教师能根据评价体系中学校组织或者学生主体反馈的有效信息重新调整教学手段、内容规划，以促进教学质量实现质的飞跃。同理，学校组织应重视测试的反拨效应，并深入基层了解师生真正所需要的教学评价体制机制，进一步完善学校的教学制度和评价体系，努力推进英语学科的系统发展。

第三节　高中英语教学评价改革与创新

现代教学评价认为，评价的根本目的在于全面地考查学生的学习状况，激励学生的学习热情，促进学生全面发展，使不同水平、不同智能、不同个性的学生都在原有的基础上有所进步、有所发展。新课程标准要求评价学生的学业成绩，既要关注学生知识技能的掌握，也要重视学生学习的过程与方法，更要重视情感、态度、价值观的形成与发展，并用“多把尺子”评价学生，使学生的潜能都得到发展，感受到学习成功的喜悦，增强学习的信心。

一、教学评价需要创新的根本原因

在以往的高中教育中，教学和评价是脱节的。在很多人眼里，评价就是考试或测验，其目的就是为了选拔“优秀”学生，甄别“落后”学生，进而，考试或测验的结果也成为判断教师和学校优劣的唯一标准。这种评价只重视结果而不重视过程，从根本上忽视了学生在评价中的主体作用。

现在的英语考试基本上是标准化考试，而且选择题的得分占了总分的三分之二，因此选择题的答题好坏往往决定了整份考卷的成绩。虽然选择题只要求在四个选项中选出正确的一项，似乎难度不大，但在这些选项中往往有干扰项，这样学习基础不是很好或者思维不是很敏捷但是学习态度较端正的学生往往在选择题部分失分很多，最后总分就很不理想，久而久之，就会慢慢对学好英语彻底失去信心。相反那些学习态度不够端正的学生，他们在考试时基本上放弃文字题的答题，只是靠运气，随便猜，把选择题部分都答完，最后批改出来的成绩有时还不是太糟糕，偶尔还会比认真做的同学得分还高。这样那些学习习惯不够好的学生就不再有学习的动力，而那些学习习惯较好但暂时还跟不上的学生不仅对自己没有了信心，而且对是否还需要认真学习英语产生了怀疑。

在上课时允许学生可以不举手发言，如果想到问题，直接可以坐在座位上大声提出来，只要是与上课有关的、不妨碍课程进度的都可以。如果对上课讲的内容有异议也可以当场提出来。这样课堂气氛就比较活跃，每个人都想要有表现的机会，能问“倒”教师是他们最骄傲的事。对他们提出的问题，先请其他同学来回答，如果有人能答出来，双方都能得到表扬，如果每人能答，那么就根据学生掌握的情况，或简明扼要或详细举例讲解。碰到教师也不是很清楚的问题，就老老实实地跟学生讲要到课后去查资料，等下节课再回答，绝不用“这是一句习惯用法”之类的话来搪塞。

教育要使人的智慧得到发展，而不能使人的头脑变成仓库。正因为如此，我们在进行创新教育的过程中，评价的目的应由“选拔”转移到“发展”上来，评价的过程应由“检查”转移到“引导”上来。评价学生的回答要结合其创新性做出合理的带有指导性的评价，在评价系统中应增加对创新意识肯定的内容。向学生提供宽松的学习环境，保持良好的师生关系都将有利于创新意识的形成，良好的内外部环境是创新人格发展的适宜条件。在明确了必须对学习评价进行创新之后，下面结合英语新课程的教学，具体阐述在创新学习评价方面的实践。

二、高中英语教学评价创新路径

（一）消除评价的鉴别与选拔作用

传统式教学评价的首要目标是鉴别和选拔学生，根据评价给学生进行等级划分。一直以来，大多数学校都是根据成绩给学生划分等级，这给学生的身心发展带来了一定的不利影响，违反了教育目标以及学生的综合发展要求。素质教育理念指导下的教学评价不只是为了更好地检查学生的语言基础知识和技巧的掌握情况，更在于关心学生知识、技能的学习过程和实践详情，以及与之相应的感情思维与价值观念的形成和发展。

现代化教学评价不再是为了更好地鉴别与挑选学生，而更看重发展教育，发挥评价的改善和鼓励作用，使评价的过程变成推动学习和提升素养的过程，使每一个学生获得较快速的发展。所以教师要牢固树立为学生的健康成长与深远发展而服务的意识，要根据评价不断完善教学，使学生获得更多的学习机会和未来发展机遇。

例如，在引导学生学习人教版高中《英语》必修三 Unit5 “The Value of Money”时，教师不仅要指导学生掌握其中的语言知识，更要让学生通过阅读文章深入了解作者想展现的内在含义，如对金钱的正确理解，同时可以让学生结合 background information，detailed information，ending 的框架结构对文章进行总结，提升阅读技能。这需要教师在教学中重视消除以成绩为导向的评价形式，及时引导学生进行学习活动，并对学生进行综合性评价，以此发挥教学评价检验学生综合素质的作用。

（二）重视综合性评价，关心个别差异

一直以来，高中英语教学评价都过度看重学生成绩，忽略了对学生创新意识、实践能力、人文素质、情感态度、价值观等的评价。而英语新课标强调评价内容应当与教学目标一致，即要求评价内容多样化，教师要将知识与技能、过程参与方式、感情态度与价值观念的评价有机结合起来。与此同时，新教材提出要重视对学生开展综合性评价，尤其要关心学生的个体差异性。而多元化评价、综合性评价理念的推广再一次使教师了解到在评价中重视学生个体发展差异的重要性。教师要在综合性评价的基础上完成评价指标的多样化，以满足社会发展对优秀人才的新要求。

例如，在引导学生学习人教版高中《英语》必修一 Unit 2“Travelling Around”时，教师可以结合教学内容创建教育性主题活动，让学生发挥自主性积极参与其中，如创建以旅行经历介绍为主题的演讲活动。而教师在学生交际、实践的过程中不仅需要宏观把控课堂进程，还要观察学生个体的优势和不足，如部分学生虽然英语成绩好但是口语表达弱，部分学生虽然在课堂上容易走神，但是旅行经历丰富且积极参与演讲。教师应善于运用多元评价形式，让学生认识到自身的优势和不足，进而保持英语学习的积极性和自信心。

（三）注重质性研究评价，关心过程

传统式评价把考试作为唯一的评价方式，没有根据评价的目的、特性挑选相对应的评价方式。教师过度重视教学活动的结果，而对教学活动过程缺乏关注。英语教学评价应倡导过程评价与结果评价紧密结合，即教师在教学评价中既要关注结果又要关心过程。也就是说，在今天的高中英语教学中，教师应重视将教学评价重心慢慢转向关心学生学习、思考和探究的过程，关注学生在每个阶段的发展情况。因而教师要善于依据不同的评价内容和目标选用不同的评价方法，如创建学生上课成长记录等，提升评价的实效性。例如，在人教版高中《英语》必修一 Unit 3“Sports and Fitness”教学过程中，教师不仅应关注学生对知识的掌握情况，还要重视学生在学习中遇到的难点、重点，以及在深入学习和探究中获得的情感、技巧和思维的发展。教师应重视借助丰富的教学形式优化学生学习过程，

如结合情景剧表演的形式创建交际语境，让学生结合重点词汇、语法进行交际对话，在丰富的实践活动中锻炼学生的语言运用能力和口语交际能力。优化教学形式是英语教学创新的重要发展趋势，也是教学评价多元化的载体，教师应转变教学评价观念，关注对学生学习过程的评价，优化评价质量。

（四）丰富的评价内容

在传统的教学模式之下，高中英语教师只是从学生的英语学习成绩、英语语法、英语词汇的掌握情况，对学生进行评价。这样的评价是极其片面的，同时也是十分不合理的。所以在今后的教学过程中，高中英语教师还应当从学生的学习态度、学习方法、学生的价值观等方面对学生进行综合立体的评价。针对学生的实际情况和学生的需求为学生设计更加丰富的英语课堂教学活动，以此不断地激发学生的学习热情，全面地把握学生的综合学习情况。

例如，针对学生读音不标准的情况，除了传授学生正确发音和练习发音技巧外，教师还可以在班级内组织英语演讲比赛、英语朗读比赛等。鼓励和引导学生结合自身口语发音和表达能力，自由选择诗歌、电影桥段、台词等，进行演讲或是朗读。开展这些丰富的英语比赛活动，能够充分地激发学生的参与兴趣，学生在参与活动的过程中，也能够很大程度上提升自身的英语表达能力、英语阅读能力、英语理解能力等。在提升学生英语综合能力的同时，也可以让教师对学生有充分的了解，从每个学生的表现中发现发音问题，并为其制定有针对性的发音练习策略，这样可以快速提升不同学生的发音和口语表达能力，帮助学生树立学好英语的信心，进一步促进学生英语素养的形成。

参考文献

[1] 徐艳 . 基于有效性的高中英语创新教学策略分析 [J]. 中学生英语，2022（28）：95-96.

[2] 刘晓娟 . 优化高中英语语法教学的方法创新与探究 [J]. 学周刊，2022（22）：31-33.

[3] 张婷 . 高中英语读后续写写作教学创新实践研究 [J]. 中学生英语，2022（26）：103-104.

[4] 李洪林 . 创新思维在高中英语教学中的培养探讨 [J]. 中学生英语，2022（22）：67-68.

[5] 李岩，任金国 . 核心素养下高中英语教学的创新策略 [J]. 校园英语，2022（20）：97-99.

[6] 杜雅聪 . 高中英语教学中学生创新思维能力的培养探究 [J]. 高考，2022（13）：51-53.

[7] 曾开庆 . 论高中英语阅读教学中学生实践创新素养的培养 [J]. 高考，2022（11）：39-41.

[8] 申小琴 . 创新课堂导入形式　提升高中英语教学实效 [J]. 山西教育（教学），2021（12）：75-76.

[9] 曲丽丽 . 探讨高中英语教学中学生创新思维能力的培养 [J]. 校园英语，2021（46）：152-153.

[10] 马连香 . 高中英语教学如何培养学生创新思维能力 [J]. 中学生英语，2021（42）：14.

[11] 李今子 . 浅析新时期高中英语教学的创新策略 [J]. 天天爱科学（教学研究），2021（10）：59-60.

[12] 王士申 .“立德树人”目标驱动下高中英语教学活动的创新探索 [J]. 中学生英语，2021（40）：73.

[13] 周英娟 . 以英语电视纪录片辅助高中英语阅读教学的创新路径 [J]. 新课程，2021（36）：177.

[14] 刘丽瑜 . 如何做好高中英语早读课创新教学 [J]. 中学生英语，2021（32）：92.

[15] 季维彩 . 以学生主导的高中英语外刊阅读教学的创新路径探索 [J]. 中学生英语，2021（24）：89.

[16] 王志勇 . 高中英语教学创新初探 [J]. 青海教育，2021（05）：43.

[17] 陈玲 . 高中英语教学中学生创新思维能力的培养 [J]. 校园英语，2021（14）：117-118.

[18] 金晨 . 高中英语阅读创新教学分析 [J]. 校园英语，2021（12）：122-123.

[19] 马娟 . 高中英语阅读教学与学生创新思维能力的培养浅论 [J]. 读写算，2020（17）：7.

[20] 张鸿雁 . 高中英语教师的教学理念创新 [J]. 中学课程辅导（教师教育），2020（10）：60.

[21] 黄发强 . 高中英语课堂教学创新研究 [J]. 校园英语，2020（20）：115.

[22] 贾伟 . 高中英语教学创新对策研究 [J]. 中学生英语，2021（12）：129.

[23] 陈娟 . 指向高阶思维能力培养的高中英语阅读教学设计研究 [J]. 英语画刊（高中版），2021（04）：98-99.

[24] 王娟 . 新时期高中英语听力教学的创新之路研究 [J]. 新课程，2020（33）：179.

[25] 吴敬霞 . 高中英语听力教学模式探究 [J]. 考试周刊，2020（70）：100-101.

[26] 高兆兰 .“学讲计划”创新方式下的高中英语课堂教学模式探讨 [J]. 中学生英语，2020（26）：104.

[27] 袁莉莉 . 基于小说阅读的高中英语读后续写教学策略探究 [J]. 试题与研究，2022（29）：34-36.

[28] 李泽彦 . 在高中英语教学中提高词汇复现率的方法例谈 [J]. 学周刊，2022（30）：127-129.

[29] 马秀萍 . 高中英语课堂教学的导入艺术探究 [J]. 学周刊，2022（30）：40-42.

[30] 周冰楠 . 高中英语阅读教学中培养学生核心素养的研究 [J]. 学周刊，2022（29）：63-65.